日本政治思想史

The History of Modern Japanese Political Thoughts III

戦後編

広岡守穂［著］

HIROOKA Moriho

有信堂

日本政治思想史　戦後編／目　次

第二章　大きく変わった政治の論じ方──53

第八章　資本主義像の変容

序章

同時代史のおもしろさと難しさ

1　同時代史の難しさ

政治の最初の記憶

戦後日本の政治思想史を叙述しようとしたら、どんな視点でどんな事実をどう整理したらいいだろうか。わたしは一九五一年生まれであるから、戦後という時代は大部分が同時代である。同時代をおもしろおかしく記述するのは困難なことではない。しかし同時代史を客観的に描くのは難しい。自分の実感がはたしてどれほど事実性の検証に耐え得るか、心もとないからである。それに政治についての人間の判断能力ははなはだ心もとない。だからなおのことである。

であるから、最初にわたしの子どものころの思い出と戦後の政治思想および政治についてのとらえ方をおおざっぱに書いておきたい。さらに各章の叙述にも随所に自分の経験や考えを書き入れてみたい。断片的な記述になると思うが、著者はこの程度の経験から政治思想史を組み立てようとしているのかと思っていただいてけっこうである。

ものごころついたころの記憶から政治に関する思い出をさがすと、真っ先に思い浮かぶのは安保ごっこだ。そしてキューバ危機である。安保改定反対運動が盛り上がったのは一九六〇年五月六月のことだった。近所の子たちといっしょに電車ごっこをして、「安保反対」と、意味もわからずに、みんなで叫んだものだった。その年の八月にわたしは九歳になった。キューバ危機が起こったのはその二年後だった。小学校から帰ったら、第三次世界大戦が起こるかもしれないと親に真顔でいわれて、背筋が冷たくなったことを覚えている。そのふたつが政治に関する最初の記憶である。そしてどうもこの最初の記憶に、わたしの戦後史のとらえ方は間接的な影響を受けてきたのではないかと思われるのである。

まちで見かけた傷痍軍人の姿

いま書いていて思い出したのだが、四、五歳のころには、まちで傷痍軍人の姿をよく見かけた。たいていは二人組だった。中心街のバス停などで、白装束をまとい、一人はアコーディオンをひき、もう一人は四つん這いになって施しを求めていた。わたしは気の毒だという感情と怖いという感情が入りまじった気持ちで食い入るように見つめた。戦争でケガをした人たちだと親に教えられたが、あまりにも白装束の光景が強烈だったせいか、戦争の恐ろしさは胸にしみたが、見ている光景が政治に関係のあるできごとだとは感じなかったように思う。おかしなことだが生まれる前に起こった戦争が自分にかかわりのあることとは思わなかったのか、そのあたりの理由を説明することは難しい。

小学校に上がるころの暮らしは今とはまったく違っていた。わが家の前の道路が舗装されたのは、四、五歳ころだったと思う。わたしは石川県金沢市で育った。生家は金沢市の中心街近くにあって、比較的開けていたと思うが、それでも生まれたころ道路は舗装されていなかった。

エアコンなどなかったから、夏の夜は寝苦しかった。窓を開けて、蚊遣りを使い、蚊帳を吊ってその中で寝た。団扇で風を起こして涼をとった。同じ町内には家の前で夕涼みをする家族もいた。子どもと中高年の人たちは下着姿の人もいた。男はステテコ姿、女性もシュミーズ姿だった。

東京に従姉妹がいた。姉が二つ年上で妹が同い年だった。東京から古着などいろいろなものを送ってきた。母は従姉妹のお古を仕立て直してわたしの半ズボンにしたりシャツにしたりしていた。そのころの女性はみんな上手にミシンを使いこなしていたものである。食事は台所の板の間で家族いっしょに食べた。テーブルではなく卓袱台《ちゃぶだい》で食事をしたから、みんな板の間にゴザか座布団を敷いて座ったのである。冷蔵庫も電気洗濯機もテレビもなかった。

ラジオ放送で聞いた少年探偵団

わたしはラジオで大相撲の実況中継を聞くのが好きだった。ちょうど栃若時代になるころで、朝潮という毛深い力士のファンだった。それから少年探偵団の放送に夢中だった。青銅の魔神に扮した怪人二十面相がお台場の沖で爆死したときには、大声で泣いたものである。そう、正直に打ち明けると、わたしは名探偵明智小五郎や小林少年より、怪人二十面相を贔屓《ひいき》していたのである。

思わず本題からそれてしまった。考現学や風俗史ではないのだから、世代の生活経験が政治思想の形成に決定的な影響を及ぼすはずはない。さりとてその影響がないとも言い切れないだろう。政治思想や政治意識は時代によって大きく変容するからである。特定の世代の人びとに政党支持の程度が弱いとか、ある世代に反天皇意識が強いといったことは、政治意識につきまとっている。いまの七〇歳以上の世代なら高度成長の記憶がある。あの時代は、がむしゃらに前進しようとするとともに、非同調者を出さないようにしようとする雰囲気があった。それに対する反発が良きにつけ悪しきにつけ、わたしの政治観の足元を浸《ひた》している。とにもかくにも、ここでわたしがいいたいのは、わたしにとって六〇年安保の記憶は電車ごっこと結びついていたということである。

2　世代が違うということ

学校体験が大きく違うこと

ところで敗戦後にローティーンだった世代はわたしには想像しがたいような学校体験をしている。高校演劇部が県内各地を回りお寺や神社の境内などで公演すると、大勢の村の人たちが野菜などの収穫物を持って観に来たとか、追放になって失業した先生の生活を支援するために生徒たちが先生を講師にして塾をつくって勉強に通ったとか、わたし自身もその世代の人たちから直接いろいろなエピソードを聞いている。高校演劇部のことは子ども劇場の創設者だった高比良正司氏から聞いたことである。高比良氏は一九四四年に長崎県で生まれた。

わたしが高校生だったころは、たしか三校禁といって、三校以上の学校の生徒が交流することを禁じられていたと思う。理由はわからないが、おそらく学生運動が高校に広がることをおそれてのことだったのだろう。わたしたちの世代にくらべると一〇年ほど年上の世代は、うらやましいほどいきいきした高校生活を送ったのだろうと想像している。

加藤周一の雑種文化論、どう読んだか

海老坂武の『戦後思想の模索』（みすず書房、一九八一年）は、フランス文学者である海老坂がフランス経験豊かな森有正と加藤周一を論じた評論であるが、この本のここかしこで海老坂は一〇代のときに経験したり考えたりしたことを記している。海老坂は一九三四年一二月生まれで、敗戦時には一〇歳だった。

一九四七年に新制中学校が始まった。海老坂は始まったばかりの新制中学校の雰囲気を同じころの加藤周一の評論（たとえば「新しい星菫派に就いて」）に重ね合わせている。中学生の海老坂少年は、親孝行は子どもの義務ではないという理路整然たる校長の訓話を感動とともに聞いていた。そのころ加藤周一は軍国主義と封建制に対して、そして軍国主義と封建制に翻弄された多くの日本人に対して、激しい軽蔑と批判のことばを浴びせていた。数年後二〇代になった海老坂青年は懐かしい思い出とともに加藤の評論を読んだ。つまり同時代を生きた人間として心を揺さぶられたのである。わたしはどうだったかと思うのだが、校長から親孝行は子どもの義務ではないといった訓話を聞いた記憶はない。

加藤周一は一九一九年生まれ、海老坂武は一九三四年、わたしは一九五一年生まれだから一五歳ほどずつ年齢が離れている。わたしにとって加藤周一は最も尊敬する知識人の一人で、『日本文学史序説　上下』には圧倒的な驚きと感動を受けたものだった。それ以来「朝日新聞」に連載された「山中人閒話」や「夕陽妄語」は熱心に愛読したものである。海老坂の文章を読んでいるとその思い出が甦ってくる。

ところで海老坂の『戦後思想の模索』だが、加藤の雑種文化論を読み解くことに多くのページが割

かれている。海老坂は雑種文化論と戦後民主主義擁護はワンセットだったとし、「前者は後者への方法的視点であり、後者は前者の実践的根拠だったのである」ととらえている。なるほどいわれてみればその通りなのだが、一回り以上年下のわたしにはそのことに考えが及ばなかった。わたしの第一印象は、村岡典嗣らがだいぶ前からとなえていた、日本文化は外来文化を積極的に摂取することによって成り立ってきたという主張につらなるものというところだった。

いや考えが及ばなかったというと言い過ぎになるかもしれない。雑種文化論が書かれた意図は、民主化は占領軍の押しつけだというナショナリズム的反動に対する批判であると同時に、歴史の発展段階説によって戦後民主主義をブルジョア民主主義として攻撃するマルクス主義に対する批判でもあったと、海老坂は論じている。加藤周一がそういう立場に立っていることはわたしも痛いほどわかっていたのであるし、それが加藤周一を信頼する理由でもあった。ただわたしには雑種文化論が戦後啓蒙擁護という切実な動機に支えられているということが、わからなかったのである。

マルクス主義の語彙を使った文献は誤読しやすい

こういう種類の勘違いはだれにも山ほどあるだろう。とくに政治思想については相当に用心しなければならない。一九五〇年代後半に書かれた政治論はしばしばマルクス主義の用語を駆使して書かれている。そのために誤解しやすいのは著者が共産党系のマルクス主義者や社会主義協会系（日本社会党内の派閥）のマルクス主義者だと思い込んでしまうことである。同じマルクス主義でもまっしぐらに社会主義革命をめざす人びとと、いわゆるブルジョア民主主義の充実をめざす人びとやマルクス主義を実用的な科学的方法として使おうという人びとがいる。前者と後者は非常に違うのである。

それだけではない。この時代の政治論には自民党政治や資本主義をマルクス主義の概念を駆使して批判している論文がたくさんある。だがそれを額面通りに受け取ってはいけない。たとえば松下圭一は一九五〇年代末から一九九〇年代にかけて最も大きな影響を与えた政治学者のひとりであるが、その名を高からしめた「大衆国家の成立とその問題性」はじめ一九五〇年代六〇年代に書かれた文章はマルクス主義の概念が多用されている。「大衆国家の成立とその問題性」では大衆社会においては社会民主主義的なたたかいが必然であるとして、松下は市民的権利の実現に力を入れるべきだと力説した。これはマルクス主義の用語でいえば「階級闘争」ではなく「一般民主主義闘争」に力を入れろということである。当時のマルクス主義者に思考の変換を促す意図で書かれたことがよくわかるのだが、いま若い人が読んだらその意図が読み取れるかどうか。読み取れない人は相当にいるだろう。

そもそも一九五〇年代までの近代経済学や社会学はマルクス主義に比肩し得るような学問的方法論を持っていなかった。それにマルクス主義の用語が多用されているのはもしかしたらマルクス主義者に向けて方針転換を求めて書かれているからかもしれないのである。実際、本当の目的は日本社会党や日本共産党の路線転換を求めているということが多いのである。

五〇年代後半には社会党（労農派）でも共産党でも、マルクス主義の陣営では理論と路線についての焦燥が広がっていた。五六年のスターリン批判についでポーランドやハンガリーで事件が起き、社会主義の権威は大きく揺らいでいた。このころ社会党は党勢が頭打ちになり、微々たる議席しかなかった共産党は六全協で党の方針を大転換した。松下の論文が、ソ連を賛美する教条的マルクス主義に対する批判だったことがわからないととんでもない誤解を生じることになる。

3　西側の一員にふさわしい政治と思想

政治思想の評価は難しい。控えめにするべき

さて、わたしは一九六〇年に年端もいかぬ子どもだったから、六〇年安保騒動は遊びだった。けれども大人にとっては国論を二分する一大政治問題だった。賛成派と反対派は激しく対立した。両者をのせている共通の空間があったわけだから、両者の論議はまったくすれ違っていたわけではない。全面講和論争にせよ、安保論争にせよ、一国の岐路における一大政策論争だったのである。だから力のこもった論争が展開された。国会論争史の中でも一九六〇年の日米安保条約改定をめぐる論争は出色の内容だった。

六〇年安保だけではない。政治問題に関する議論には賛成であれ反対であれ、共通の認識や共通の考え方の筋道があったはずである。そういう共通の土壌のうえで、保守対革新とか、社会主義対資本主義とかといった思想対立があらわれるのである。わたしは思想史を書くとき、どちらの言い分が正しかったかということに拘《こだわ》り過ぎてはいけないと考えている。まして水に落ちたイヌを叩くようなことはするべきではない。思想と思想のたたかい、党派と党派の対立は、敬意を持って見なければならない。そのとき自分が生きていたら、どう考えるかという想像を踏まえ、なおかつ政治的に真の意味で賢明な人間などいないということを肝に銘じておかなければならない。人間の政治的判断力は幼弱

なのである。

ところが政治思想が拠って立つ共通の土壌は時間が経つと霧がかかったように見えにくくなる。そのときどきの思想をそのときの政治状況を踏まえて評価するのは意外に難しいのである。どうしても思想がどのように変遷したかをたどってしまうし、その後の状況の変化に照らして先見の明があったとかなかったとかという評価にかたよってしまう。そのほうが俗耳に入りやすいのである。とどのつまり保守の伝統とか戦後民主主義の系譜といったことばかりが浮かび上がってしまう。実際には保守主義も戦後民主主義も非常に大きく変容したのである。

というわけで、今日では資本主義と社会主義のたたかいには決着がついたということは明らかであるが、しかしだからといって、戦後、四半世紀ほどの間社会主義の旗をふった人たちは間違っていたと決めつけてはいけないのである。

椎名悦三郎「アメリカは日本の番犬さま」

一九四五年から一九五〇年代にかけて、保守には政治思想らしい政治思想はなかった。軽々しく政治に熱を上げてはならないという処世訓のほかは、明治憲法体制の断片的な要素が生き残っているだけだった。それもいわく天皇は特別の存在である、いわく忠と孝は民主主義の時代にも通用する普遍的な道徳である、など。当時の保守思想は内向きで、せいぜい反共主義を怒号するとか、天皇制擁護の論陣をはるとか憲法九条に反対するといったことで精一杯だった。

考えてみてほしい。日本は日米安保体制のもとで西側の一員に迎えられたのである。しかし保守派の政治家のふるまいが西側の一員といわれるにふさわしかったかどうかといえば、相当に疑問がある。西側の一員たるにふさわしい基本的人権や立憲主義や市民社会の擁護といったことになるとたちまち理路が立たなくなったし、経済政策は有沢広巳のような労農派マルクス学者の権威に依存している体たらくだった。大陸侵略の片棒を担いだ官僚あがりなども大勢いた。

その一人、自民党の実力者だった椎名悦三郎はアメリカを日本の番犬といって、発言を咎《とが》められると番犬さまと言い直したことがあった。なかなか言動が賑やかな豪傑だったが、戦前の日本帝国主義を「栄光の帝国主義」と呼んだこともある。どこまで本気かはともかく、「西側の一員」の政治家としては相当に物騒な人物である。

戦後改革の中で農地改革は日本人が主導した。本来なら財閥解体や憲法改正のように、とても政治家の力の及ぶところではなかった。外圧によらなければ完遂できない困難な課題だったが、それを成しとげたのは農林官僚だった和田博雄によるところが大きい。和田は第一次吉田内閣の農林大臣として農地改革をやりとげた。しかし自由党内には和田の起用に反対する声が大きかった。理由はなんと、戦時中の企画院事件で首謀者として逮捕されたからというのである。企画院事件は検察のでっち上げだったことが戦後すぐに明らかになったのである。そもそも「西側の一員」としては和田の起用は褒められこそすれ批判されるいわれのないことだった。

保守思想なき保守政治――蒼蠅驥尾に付して千里をいたす

とにかく日本は敗戦国であったから、戦勝国アメリカの手のひらの上で動くしかなかった。「蒼蠅《そうよう》驥尾《きび》に付して千里をいたす」の図である。政権を担当している官僚や政治家の胸にはいろいろな思いが去来したろうが、思想をことばにするよりも政策を根拠づける理由をしっかりさせるほうがよほど重要だった。在野の保守思想家ならともかく、官僚や閣僚には思想的なことを口にしなければならない理由はなかったのである。というわけで戦後の日本の総理大臣や閣僚の発言に、政治の理念を語って国民の胸をあたたかくしたことばをさがすのは難しい。このあたりはアメリカ大統領のことばと比較すると歴然たる違いがある。

西側の一員にふさわしい自由民主主義国の政治はどうあるべきか。それを行き届いた論理で説明したのは、保守派の知識人でもなければ保守派の政治家でもない。マルクス主義者でもない。丸山眞男や大塚久雄らの戦後啓蒙派の知識人と宮沢俊義や我妻栄らの法律学者だった。戦後啓蒙派はマルクス主義者と手を組んだといって批判されることがあるが、その主張とマルクス主義者の主張はどう読んでも非常に違っている。戦後啓蒙派は資本主義を否定したわけではない。革命を肯定したわけでもなければ、民主集中制やプロレタリアート独裁を支持したわけでもない。ソ連を賛美したわけでもない。近代憲法の原理や資本主義社会の理念を情理を尽くして論じたのである。その仕事をしたのは戦後啓蒙派であって、教育勅語肯定や天皇主権復活を主張した人たちではなかった。マルクス主義者でもなかった。

西側の一員にふさわしかったのは戦後啓蒙派

その戦後啓蒙派が一九五一年には全面講和論をとなえ一九六〇年には安保改定反対を主張して保守

派と対立したときにはマルクス主義者と手を組んだ。歴史の叡智といえばいいのだろうか、叡智というほどのこともないだろうか。内部に深刻な思想対立をかかえていた日本社会党はまだしも、日本共産党と戦後啓蒙派は水と油ほどに異質だった。

全面講和論と安保改定反対は日米の力関係を考えればまったく非現実的だった。保守政治家との関係を長期的な視野で考えれば、そういう政策をとなえることが戦後啓蒙派にとって賢明だったかどうかには考慮の余地がある。それなのにあえて非保守の一翼に参加したのは、古い思想をかかえる巨大な一党支配の弊害のほうが大きいと判断したからだっただろう。繰り返しになるが、政権を牛耳っていた保守派の中には、明治憲法体制への郷愁を隠さない人がかなりいた。侵略戦争の片棒を担いだ人もいた。占領が終わるとさっそく押しつけ憲法論をとなえ自主憲法制定をとなえ始めるありさまだった。西側の一員として信頼される国づくりをしなければならないという真剣な覚悟に欠けると疑われるものが少なくなかったわけである。

自民党政治は長くつづいた。日本は経済発展をとげ、西側の一員としてじょじょに重きを置かれるようになった。非核三原則、基盤的防衛力構想、憲法九条をかかげ、富国軽軍備の路線をはしった。日本国憲法の前文に「われらは平和を維持し、専制と隷従、圧迫と偏狭を地上から永遠に除去しようと努めている国際社会において、名誉ある地位を占めたいと思う」という文章が見えるが、中国、韓国、北朝鮮はともかくとしても、国際社会で曲がりなりにも一目置かれる存在になった。

自民党政治は平和と繁栄をもたらしたが、西側の一員たるにふさわしい思想を率先して国民に説いたわけでもなければ範を示したわけでもない。一九七〇年代までは、民主主義と基本的人権の理解について、後ろ向きの議員が少なくなかったのである。政治思想においては、戦後啓蒙こそ戦後政治の正統であって政治思想の中心に位置したのである。戦後啓蒙がなかったら日本に民主主義はかんたんに定着しなかったかもしれない。

4　反戦平和、大人社会に対する反抗、うっすらした資本主義批判

戦争を知らない子どもたち――Gパン・Tシャツ・長髪

わたしは一〇代のころアメリカが嫌いだった。原爆を落として大勢の人の命を奪った残忍な国という印象だったからだ。原爆を使わなくても余裕で勝てたではないかと、いまでも思っている。さらにベトナム戦争が反感を増幅した。あんなに小さな国の人びとを大量に殺してと、憤りを感じた。その反面、ソ連に対するイメージははじめは悪くなかった。そのソ連のイメージが決定的に悪くなるのは一九六八年のプラハの春が戦車によって蹂躙されたときからだった。わたしは高校二年生だった。

あとになってそのころ、つまり一九六〇年代後半から一九七〇年代前半にかけての政治意識をとらえようとすると、「疎外＝解放」ということばで表現するのがいちばん適切であるように思う。ちょうど受験期で、高校はハイスクールでなく灰スクールといわれ大学受験は受験地獄などといわれた。反戦フォークが流行していた。わたしもＰＰＭ（ピーター、ポール＆マリー）や岡林信康を聴いていた。「戦争を知らない子どもたち」などを愛唱した。大学に入ったらスリムのＧパンにＴシャツ、長髪という身なりを好んだ。わたしの胸の中では反戦平和と、大人社会に対する反抗と、うっすらした資本

主義批判の三つがないまぜになっていた。

疎外＝解放という軸

当時のわたしの心情は疎外＝解放という対抗軸でとらえるとぴったりする。しかしそれなら、そういう対抗軸で時代の思想課題を表現するのが最も適切かといわれるとそうだと断言できる自信はない。疎外＝解放というのはわたしの体験に縛られたとらえ方なのである。一九六〇年代七〇年代は日本経済が未曾有の高度成長をとげた時期だったから、資本主義システムが安定に向かった時代ではないかといわれたら、ちゃんと反論できるかどうか。自信がない。そこが同時代史の難しさである。

ちなみに、やはり生まれ年のためだろうが、一九五六年のハンガリー動乱についてはほとんど関心がなかった。首相になったナジ・イムレは一党独裁の廃止、ワルシャワ条約機構からの脱退、中立を打ち出したが、ソ連が介入した。のちナジ・イムレは処刑された。ハンガリーは後年、ソ連崩壊の後にいちはやく社会主義を捨てた。一九八九年一〇月二三日のことであった。一〇月二三日はハンガリー動乱が始まった日である。

自民党と戦後啓蒙が背中合わせに戦後史をつくった

もしも敗戦後、日本は占領されなくて賠償だけを課されたのだったらと想像してみてもらいたい。日本国民は合法的選挙や革命によって国民主権の憲法をつくり議会制の統治構造のもとで国家を運営することができただろうか。それとも軍部が敗戦の弁解をしながら居座って戦前と同じように総理大臣の二人に一人は軍人という時代がつづいただろうか。わたしは後者の可能性は低いと思うが、前者の可能性はもっと低いと思う。そう思うから西側の一員に入れてもらってよかったと感じるのである。

ごくごく単純にいって、自民党政治は結果として道を踏み外さなかったし、政治思想は戦後啓蒙派の理念がじょじょに受け入れられるようになった。それがわたしの戦後史の理解である。両者は反発しながら背中合わせに戦後史をつくっていった。自民党とその周辺には、戦前回帰をめざす復古主義者やごりごりの反共主義者がいたが、若い世代の官僚とアメリカによるコントロールが有効にきいた。後藤田正晴のような人物を思い浮かべていただければいい。他方、戦後啓蒙派は社会党や共産党と結びついて反自民の陣営に参加したが、思想の内容は社会党左派や共産党とは相容れなかった。

だから本来なら戦後日本の政治は、保守、リベラル、社会主義の三極になるか、または一九世紀のイギリスが保守党と自由党の二大政党によって指導されたように、保守政党たる自民党とリベラル政党による二大政党制がふさわしかったと思う。確信はないが、多分そうだろうと思う。かつての社会党の構造改革派や新自由クラブあたりまでをふくむリベラルな政党である。だがリベラルの結集がまがりなりにも成功したのは日本新党や新生党など八派による非自民非共産の細川内閣が成立した一九九〇年代中ごろと、民主党政権が誕生した二〇一〇年前後の二度だけだった。リベラルの思想的影響の大きさにくらべて、その現実政治における存在の小ささは、戦後の政治思想に大きなかげを落としている。というのは戦後日本のリベラルは、どこかものがなしくひ弱なのである。

以上、わたしの子どものころの思い出と戦後史についての見方をおおざっぱに書いてみた。わたしが大学生になった一九七〇年ごろとくらべて、日本はずいぶん大きく変わった。自民党支配はごく短い一時期を除いてつづいているが、その自民党政治家たちの思想と行動は大きく変わった。政治思想はあまり揺らいでいないから、ひと言でいって政治が思想に歩み寄ったのである。とはいえ二一世紀のいま政治思想は有効かというと、わたしは不満を感じている。他方、同じ政治の中でもリベラルな勢力はどうかするとしょっちゅう結集に失敗している。いまも、二〇〇九年から約三年間の民主党政権が終了してから、混迷がつづいている。

5　戦後政治思想史の時期区分

戦後政治思想史の四つの時期

わたしは戦後の政治思想史を四つの時期に区分している。

第一期は一九四五年八月一五日から一九六〇年までである。この時代に政治の論じ方はがらりと変わった。戦争の色濃い影響がありイデオロギーと組織化、政治権力の巨大化、それに対する個人の無力さ、政治が人間をがんじがらめにしていることなどについてしきりに論じられた。

第二期は一九六〇年から一九七〇年代末までの約二〇年間である。市民主義が発展した時代であるが、同時に疎外や管理が強く意識された。五〇年代までは学生運動や労働運動を例外として、人びとの直接的な政治参加はほとんどなかった。そして運動は常に敗北した。政治活動にかかわることは青春の挫折をもたらすのだという哀切な意識が漠然と広がった。選挙活動に参加する人はいた。選挙と博打は男の最後の道楽などといって選挙になると夢中になる人もいた。しかし独自の要求を掲げてふつうの人が政治に直接参加するにはかなりハードルが高かったのである。六〇年安保で状況は変わった。そして七〇年前後には松下圭一や篠原一や高畠通敏らの政治学者によって、市民参加がとなえられるようになった。

第三期は一九八〇年代九〇年代である。この時期には日本が西側先進国の一員であることが強く意識された。保守主義がはじめてしっかりした社会理論を踏まえるようになった時代である。このころに政治思想における戦後は終わった。その反面、生活保守主義の跋扈《ばっこ》が語られ、豊かさが人びとの意識を私生活中心に向かわせることが危惧された。生活保守主義は表面的な現象で、問題の真相はむしろ人間の心を取り囲む世界の変化にあると見られた。モノの氾濫を背景にして、子どものあそびの激変、密着する母子関係などが漠然とした不安とともに語られた。社会公共のできごとに対する主体的な関心が失われていくのではないかという危惧である。この点は保守的な人びとにも進歩派にも共有された。

第四期は二〇〇〇年以後である。ジェンダー、NPO、子育てや介護などの課題が浮上し、市民社会では市民事業に向かう人の層が厚くなった。傾聴、ノーマライゼーションなど、心理学や福祉の立場からする主張が強い影響を持つようになったが、それは逆にいうと政治思想の主たる守備範囲の外に社会課題がはみ出したということを意味する。

市民社会の意味

ここで市民社会ということばを定義しておきたい。市民社会という概念は政治、国家とどういうふうに区別されるのか、そもそもなぜ市民社会は社会と区別しなければならないのか。その点について説明しておきたい。

市民社会は社会的構築が起こる場である。いろいろな力が働いて社会通念が変化することを社会的構築という。そして社会的構築を進めるアクターが市民社会を構成している。社会運動、マスメディア、小説や詩などの文学、評論、学術研究などなど、そのアクターは実に多様である。政治運動はそのアクターのひとつであるが市民社会は政治よりずっと広い範囲をカバーする。

市民社会は社会の一部であり、だれが市民社会に属していてだれが属していないかといった区別はできない。会社員は社会に属しているが、彼が障がい者福祉の問題で声を上げるときは市民社会をつくっている。市民社会と社会はそういう関係である。市民社会は社会の変革を求める。そのときには社会と激しく対立することもある。しかし結婚や父親の子育てなどの社会通念が変わるときは、小説やテレビドラマなどが変化を先取りする。変化は平穏に進む。最近のＬＧＢＴＱについての社会通念の変化などはそれをよく物語っている。社会的構築が活発に起こるのがデモクラシーの特徴であるというかそれがデモクラシーの本質である。

自分史と時期区分

以上の時期区分を個人的な経験と照らし合わせておきたい。第一期についてはすでに述べたように、わたしは子どもだった。親の反対を押し切って結婚したのが第二期に当たる一九七三年だった。学生結婚したとき、わたしははじめて大人になったと感じた。仕送りが止まったので家庭教師などアルバイトに精を出しせっせと生活費を稼いだ。わたしは学生運動にかかわったことはない。管理社会における疎外ということを痛切に感じていたが、それを解決する方法が新左翼やヒッピーやコンミューンにあるとは到底考えられなかった。わたしは土台そういうタイプではなかったのである。ただし、わたしは社会はもっと自由でなければならないと考えていた。自由な生き方をしたい。貧乏でもいいから自由に生きたい。半分リバタリアン、半分リベラルといったふうだった。

第三期には大学教員としての生活が始まっていた。わたしの基礎教養は丸山眞男、篠原一、坂本義和、松下圭一といったところからつくられていたので、SSM調査の研究を知ったときは衝撃だった。わたしにとっては良い出会いだったと思う。もちろん批判もあった。それは自由という基本的な価値をめぐるものだった。保守も革新も年上の世代の知識人が自由というものをぞんざいに扱うことに不満をためていたのである。このことは重要なので第八章で踏み込んで考えたい。

第四期。二〇〇〇年には自分が取り組んできた問題が注目を浴びるようになったことを痛感した。一九九〇年に『男だって子育て』（岩波新書）を書いて、元祖イクメンのようにいわれた。そのころからわたしは、子育ての問題やジェンダーの問題に、そしてNPO活動にかかわるようになっていて、この三つの分野がいずれもどんどん社会の主流に移っていくことを実感していた。そしてそれとともに、わたしは政治思想の現状にあきたらなくなっていた。たとえば臨床心理学でいう「傾聴」は政治思想が取り上げるべき手法なのではないかといった具合である。

6　市民社会と国際平和

市民社会を視野に入れる

政治思想を考えるうえで重要なことは二点ある。第一は市民社会を重要視すること、第二は冷戦の克服をめざすことである。第一点は内政に絡み第二点は外交に絡んでいる。前者はたとえば夫婦別姓やＳＯＧＩ（ＬＧＢＴＱ）の問題にどう対応するかといったことである。こういう問題について理解を示す人たちが国民の半数に達しても自民党の腰は重い。党内は反対派でかたまっているわけではないが相当に慎重である。自民党だけの責任というわけではもちろんないし、行政官僚にも司法にも責任があるといわなければならないのだが、戦後日本は国家（統治機構）と市民社会の間の距離が相当に大きいのである。

市民社会を重視するとはどういうことか。社会的デモクラシーを重んじるということである。社会的デモクラシーは二つある。社会システムをつくるデモクラシーと声を上げることのできない人の声を聞くデモクラシーである。前者は、ＮＰＯ、社会起業、ワーカーズコレクティブ、ボランティアなどの事業活動が活発におこなわれていることである。そして後者はＤＶやいじめや貧困などの原因で萎縮し自信を失い将来が見えなくなっている人のためにネットワークを提供することである。その方法が傾聴でありエンパワーメントであり生涯学習でありインクルージョンである。

ユルゲン・ハーバーマスは先進社会におけるデモクラシーのあり方を巧みに描き出している。カフェで人びとが談論風発する。そこでまとまりを整えた多様な議論が重層的に交通していくことを通じて世論が形成されるというわけである。行き届いた理論である。だがカフェでリーダーシップをとっている雄弁な男は家に帰って妻に暴力をふるっているかもしれない。妻は自信を失い声を上げられなくなっている。そういう場合、声を上げられない人の声をどう受けとめるか。デモクラシーの根幹にかかわる問題である。デモクラシーの問題なのだが、それを選挙の、つまり政治参加の問題として考えていたら焦点を見失うことになる。妻の生き方の問題として考えなければならないのだ。

こういう問題は基本的人権がカバーする領域だが、さてそれではどうカバーされるかというと国会が市民の要望を受け立法措置によってカバーするか、裁判所が社会通念の変化をあとから追認するかといったかたちでカバーされるのである。実際に変化を起こすのは市民社会である。国会や裁判所はその後追いをするだけである。当事者のさまざまな活動や専門家の研究と知見が変化をもたらす。そこがデモクラシーの最前線なのである。

国際政治における競争的共存

第二点は平和をめざすことで、この点では戦後啓蒙派は冷戦から競争的共存へというすぐれた見通しを示した。現実はその通りになって、競争的共存の結果、敗れたソ連は崩壊したのである。とはいえ国防から目を背けてはならない。現実問題としてよほど国際環境が整わなければ非武装中立というわけにはいかないのである。そもそも国防に永久不変の政策はない。わたしは国連軍による中立日本の防衛構想（坂本義和）と、一九七六年に策定された基盤的防衛力構想を高く評価しているものであるが、それは両者がともに大所高所に立って国際政治を視野に入れて平和のための国防を考えているからである。

日本は西側の一員として存在感を高めてきた。しかし長い間国際社会の最前線で行動することを避けてきたので、いまごろになってそのつけに苦しんでいる。国益を追求することは当然だが、西側の大国の一員として、公正な国際秩序のために応分の負担をすることと、過去の戦争について謝罪すべきことは謝罪し相互のコミュニケーションを深めることに努力すべきだった。外交は相手のあることだし、日本だけが間違っているわけではない。いつまでも日本軍国主義の復活などと批判されるいわれはないし、繰り返し植民地時代のことを蒸し返されるのも理不尽である。しかし日本が自由と人権に則ってふるまうよりも、国内のナショナリズムに配慮して行動してきたことも否めない。

以上、思いつくままに自分の個人史と同時代の政治思想をからませて思い出してみた。次章以下では戦後の政治思想の展開を考えようと思う。

第一章

戦後民主主義——家族はデモクラシーの出発点である

1　政治と道徳

政治は家族道徳の上に乗っている

政治は道徳の上に乗っている。統治者のおこないが被治者の道徳に合致しないとき、統治は危険にさらされるものである。道徳は権力の正統性を構成する最も重要な要素のひとつである。

中でも重要なのは家族道徳である。たとえば封建時代では権力の継承は相続のルールに合致していれば無難である。権力継承が相続のルールに合わないときは、明の永楽帝や李氏朝鮮の世祖のように長く簒奪者の汚名を着ることになる。永楽帝も世祖も甥から帝位（王位）を奪って即位した。ふたりとも英明な君主だったと思うが、治世の功績を賞賛されるより簒奪者として批判を浴びた。そうして明では永楽帝につかえることを拒否して一族もろとも処刑された方孝孺がたたえられ、朝鮮では端宗復位の計画が露見して処刑された成三問ら「死六臣」が賞賛された。

そもそも家族構造は社会構造に影響する。男兄弟が均分相続する慣習があれば、農村は小農が多くなるだろうし、長子単独相続であれば大土地所有が維持されるだろう。同様に家族構造はその社会の二次集団の構造にも影響を及ぼす。血縁関係が強力なら会社経営は同族経営が多くなるだろうし、養子とりが普通におこなわれているなら優秀な人材を幹部に取り立てることもおこなわれるだろう。

このように考えると家族道徳は政治社会に深い影響を及ぼすことが理解される。

夫婦か、親子か

さて家族道徳は家族関係を律する道徳である。

家族道徳は夫婦、親子、兄弟などいろいろな関係にわたるが、中でも重要な地位を占めるのは夫婦、または親子である。家族の成り立ちを説明するときに、夫婦から始めることもできるし、親子から始めることもできる。夫婦から説明するか、それとも親子から説明するかで、社会組織のとらえ方やつくり方は大きく違うだろう。どういうふうに違うかはおいおい説明することにしよう。

ここでわたしが主張したいのは、日本では長い間、親子とくに父親と長男の関係が重要だったが、一九二〇年代になって夫婦を家族の始まりとしてとらえる思想が登場したということである。それから一世紀たって家の観念は弱くなりながらも今日まだ生きているが、夫婦を家族のつながりのかなめに置く意識は広く定着した。わたしはそのことがデモクラシーの根本にあると考えている。つまり言い換えれば、日本のデモクラシーは一九二〇年代に芽生えたということである。日本のデモクラシーは家父長制とのたたかいを通じて成長したのである。

未婚男女の恋愛が肯定的に描かれるようになったのは一九二〇年代だった。そして一九三〇年代になると川口松太郎の『愛染かつら』や吉屋信子の『女の友情』のような恋愛小説（戦前は通俗小説と呼ばれた）がさかんに書かれるようになり、多くの読者に支持されたのだった。そのことについては『通俗小説論』で細かく論じたのでここでは繰り返さないが、何しろ一九三〇年代は満州事変後いっきょに軍国主義が高揚した時期である。その時期に多くの読者が男女の結びつきをテーマにした小説をむさぼり読んだのである。その事実は決してないがしろにできない。要するにわたしは、一九二〇年代の恋愛小説が戦後民主主義が定着する前奏をなしたといいたいのである。未婚男女の恋愛をさわやかに描いた石坂洋次郎の『青い山脈』が、戦後民主主義のシンボルのようにいわれたことを覚えておいていただきたい。

『愛染かつら』と『女の一生』が訴えたもの

恋する未婚男女を待ち構えている最も手ごわい壁は親である。親は子どもに結婚相手を見つけるのがふつうで、親の承諾を得ない結婚は容易に認められなかったからである。戦前の民法にもそのことが規定されていた。だから愛し合う男女が親の反対をどう乗り越えるか。それが恋愛小説を構成する重要なファクターになった。『愛染かつら』は子連れの女性看護師高石かつ江が大病院の御曹司と恋をする物語であるが、御曹司の身内が身分違いの恋に大反対することで物語は展開していく。加藤武雄の『呼子鳥』は子と母の愛情の物語であるが、そもそも発端は主人公成瀬志保子の恋愛に親が大反対したことだった。

家父長制とどうたたかうか。愛し合う男女にとってそれは大きな試練だった。『愛染かつら』の高石かつ江は最後に愛する男と結ばれる。山本有三『女の一生』の主人公允子は愛する男の子どもを産んで未婚の母になるが、強い意志で生きていく。吉屋信子『良人の貞操』の主人公邦子は夫と友人の加代との愛情関係に苦しむが、それは夫と加代が本当の強い愛情で結ばれていることを邦子自身がよく知っているからである。吉屋信子は男女の自発的な愛情を強調した作家だったが、それなのになぜか家父長制に妥協的だった。本当の愛で結ばれる男女に対して邦子はじっと耐える。そして家父長制の秩序を守ることと引き換えに代償を与える。それはいわば「女の義理人情」の世界だった。読者は家父長制の犠牲になりながらけなげに生きる主人公に自分を重ねて涙したのである。

いま愛する未婚男女は多かれ少なかれ家父長制とたたかわなければならなかったと述べたが、家族の成り立ちを夫婦から始めるか親子から説き起こすかが、深刻な対立をはらむものであることが、そこにも顔をのぞかせている。何よりそれは孝に対立する。そうすると男女の恋愛は忠孝をかかげる国家道徳にそぐわなくなる。民法が規定する家族制度にも合致しなかった。戦前の恋愛小説を読んでいると、悪役の登場人物がお前たちのおこないは民法に反するのだぞと脅しつける場面がよく出てくる。

これ以上くだくだしく論じるのはやめよう。

一九二〇年代に男女の結びつきから社会の成り立ちを説明しようとした人びとの論理をながめることにしよう。

2　ふたり共同体から出発する——和辻哲郎の倫理学

和辻哲郎の「ふたり共同体」

和辻哲郎は芸術的な感受性もあわせ持つ倫理学の泰斗であった。戦前は自由主義的な立場を守り、フィロロギー（文献学）の手法を駆使して大部の倫理思想史を著した。戦後になると天皇制護持の論陣をはり保守主義の有力な一角を占めた。リベラルな保守主義者であった。

倫理学を説き起こす最初の地点に、和辻は「ふたり共同体」を置いている。ふたり共同体とは夫婦のことである。和辻によれば、夫婦のつながりを起点にして、そこから家族協同体へ、地域共同体へ、さらに国家へと共同体は重層的に発展していく。共同体の発展に伴って、倫理もまた重層的に発展していく。そして国家において倫理は最高形態に達するというのである。これらの共同体を和辻は人倫的組織と呼んだ。中でも国家のことを和辻は「人倫的組織の人倫的組織」と呼んでいる。

和辻が夫婦のつながりから倫理を説き起こしたのは、いかにも大正デモクラシーらしいにおいがする。明治国家は教育勅語が「克く忠に克く孝に」と語ったように、忠孝を広く慫慂《しょうよう》していた。だからその線に沿って倫理を考えたら、出発点は「孝」すなわち親子に置かれなければならなかっただろう。しかし和辻はそうしなかったのである。孝はふたり共同体の次の家族共同体で登場する。国家を至上の人倫的組織としたのであるから、和辻は夫婦を出発点に置き、そこから孝へ渡り、忠を到達点に置いたのだといってよいだろう。

『孝経』に見る儒教の教え

儒教は孝を倫理の原点にすえていた。『孝経』は二〇〇〇字ほどの短い文書で、わかりやすく孝を説いて、長く広く中国の人びとに読み継がれた。倫理どころか『孝経』は孝を宇宙の構成原理とさえとらえている。『孝経』によれば、孝は個人の道徳であるばかりでなく、政治の根本原理でもあり、それどころか宇宙の本質をなすものなのである。「夫れ孝は天の経なり地の義なり民の行いなり」と『孝経』は述べ、人間の社会性の本質を孝に求め、さらに孝は天地の動きも律しているのだとしている。道徳と政治と宇宙を孝という概念によってたばねているわけで、そういう点で『孝経』は典型的な政治思想の文献ということができる。

孝は親子の上下関係を律する道徳であるが、人間社会に尊卑の違いがあることも、支配服従の関係があることも、それに類推される。下のものが上のものに従うのは孝に準じる重要な道徳箇条だというわけである。ひいては自然界も人間に尊卑があるように高いところもあれば低いところもあるのだとか、あるいは逆に天が高く地が低いように人間にも上下があるのだという論法がよくもちいられた。

政治は支配服従の関係であるから、政治思想は必ず道徳についての言及をふくむ。政治は服従するものの内なる得心（いわゆる正統性：legitimacy）がなければ安定しない。また支配は力づくであるから、政治思想はしばしば人間界のできごとを超越的なものと結びつけて支配を正当化する。道徳だけでは支配の正統性を確保することは難しいのである。政治思想は、自然現象を人間界のできごとと結びつけ未来を予言するといった讖緯《しんい》説のようなタイプの思想を内包する。まごころを込めて孝をつくせば、天は必ずそれに感応して国が治まるという『孝経』の教えはきわめて単純だが、『孝経』には政治思想に備わるべき要素がそろっているのである。

空海の『三教指帰』も孝をめぐって書かれた

日本にも孝は非常に早くに受け入れられ、第一の道徳項目とされた。聖徳太子が定めたといわれる憲法十七条は、「一に曰く和を以て貴しとなし」として、君父に従うことをすすめ、「三に曰く、詔を受けては必ず謹め」として、「君をば天とす、臣をば地とす」と臣が君に従うべき根拠を示している。なお「和を貴しと為す」は『論語』学而篇にあらわれることばである。

空海の『三教指帰』も孝をめぐっての考察が議論の中心を占めている。『三教指帰』は儒仏道の三つの教えを比較してどの教えがすぐれているかを検討した比較思想の書であるが、空海は儒教や道教のとなえる孝が仏教の孝にくらべて視野が狭く劣るという結論を出している。

社会には上下関係がある。そもそも社会のいちばん小さな単位である家族にも、親子という上下関係があるではないか。子が親に対して孝をつくさなければならないように、人間は上のものに対して従順につくさなければならないのだ。それが秩序というものである。そういう思想が一九世紀後半に至るまで受け継がれてきた。孝はそういう思想の究極の根拠として位置づけられていたのである。

明治国家もまたそういう思想を引き継いでいたことはすでに述べた通りである。そのうえ「忠孝一如」、つまり中国と違って日本においては忠と孝は同じものであるという主張がしばしば説かれた。

和辻倫理学の折衷性

これに対して和辻は水平な関係である夫婦の結合を出発点としたのである。そう考えると、何とも鮮やかな対照ではないだろうか。ただし、そこから忠孝につながる線を引くことは、和辻にとってとりたてて困難なことではなかったようである。夫婦から親子へ、さらに兄弟姉妹や友人関係などへ、関係性が異なると倫理も異なると和辻は考えた。儒教の五倫五常の教えを倫理学に取り入れ、人間関係が重層的にふくらむにつれて倫理もまた重層的に深みを増すのだと考えたのである。

しかし和辻にとっては何でもないことであっても、倫理が共同体の性質によってふくらみを持つようになると考えていいものかどうか。わたしは論理的に無理があると考えている。男女が結びついて家庭をつくる。それと同じように、同様に隣近所の人たちが集まって村をつくる、焼き物をつくる人が弟子をとり、やがて弟子を従えて焼き物の組織をつくる、といった具合に人と人との自発的な結びつきが団体をつくる。その到達点に国家がある。夫婦も企業も国家も、妥当する倫理は普遍的であるという筋道で良いと考えられるし、そのほうが首尾一貫している。和辻は家族の結合をモデルにしているので、会社などの営利企業を倫理学の体系にうまく位置づけられていない。

和辻は営利企業など業績原理で動いている組織を完全な人倫的組織と認めなかった。夫婦、親子、兄弟姉妹といった親族関係に即して倫理をとらえたので、属性原理に与えられる役割ばかりが重くなってしまう。そのため会社や官僚制などの業績原理にもとづく組織に働くべき倫理がうまくとらえられなくなってしまった。そこが和辻倫理学の問題だった。自発的に結びつく夫婦と自発的につくる営利団体や非営利団体に働く倫理は共通するのだと考えるほうが良いのではないか。このあたりについて和辻はヘーゲルなどと非常に違うのである。

ともあれ、親子を起点にするのと夫婦を起点にするのとでは、やはりきわめて大きな違いがある。だから和辻がふたり共同体から出発したことを、ないがしろにしてはならない。

ひとこと付言しておきたい。第四章で吉本隆明の『共同幻想論』を取り上げるが、きわめてラジカルな思想家であった吉本が共同幻想の本源を夫婦ではなく親子関係に見ている。吉本の思想は非常に独創的だったが、その視点は意外に古い固定観念に縛られているのである。

3　愛によって社会を基礎づける——有島武郎『惜しみなく愛は奪ふ』

一九二〇年代は静かな大転換期だった

和辻哲郎の倫理学が構想されたのは早くても一九二〇年代後半だったと思われるが、一九二〇年代には夫婦を出発点とする思想が登場していた。その中でも注目されるのは、有島武郎、高群逸枝、賀川豊彦の三人である。三人は、夫婦を起点に置いて社会組織の成り立ちを説明していた。三人とも、いわば社会契約説ともいうべき筋道で社会の成り立ちを説明したのである。

有島武郎、高群逸枝、賀川豊彦、和辻哲郎の四人は政治的立場も活動分野も異なる。有島武郎は白樺派の文学者で、創作の根っこに子どもや貧しい人びとや女性に対する同情を置いていた。有島農場を小作人に開放したこともよく知られている。高群逸枝は急進的なフェミニスト詩人として登場し、アナーキスト評論家として活躍し、やがて女性史の研究に踏み込んだ。そしてのちに戦争協力の道を歩んだ。賀川豊彦はキリスト教社会主義者だった。貧しい人たちのための社会運動に身をささげ「貧民街の聖者」といわれた。和辻哲郎はいわゆるオールド・リベラリストの有力な論客だった。このように大きな違いがあるのだが、四人は人間の社会性の出発点を社会の最小の単位である夫婦に求めた。

有島武郎の政治思想

四人の中で最も早く、かつ最も体系的な考察を展開したのは有島武郎である。一九二〇年に有島は『惜しみなく愛は奪ふ』を発表して、人間の社会性を愛によって基礎づけた。人間は人格の完成を求めて生きるものであり、人格完成のために外界から多くのものを貪欲に摂取する。その摂取することを有島武郎は「惜しみなく奪う」と表現している。愛は人間が自己完成に向かう原動力なのである。有島のいう愛は非常に広い概念で、いちばん根底にあるのは自己愛である。男女の恋愛も愛であり、社会正義の根底をなす人間愛も愛である。こうして愛は社会性の基礎に置かれることになる。断るまでもないが、社会性の根本を孝に求めるのとはまったく異なる思考様式である。

有島は人間の生活を「習性的生活」「智的生活」「本能的生活」の三つに分けている。智的生活とは何かというと、人間は産業組織や国家をつくり文明文化をつくる。それらすべてが智的生活である。智的生活は文明文化と社会秩序をもたらすが、そのために智的生活には努力と義務が伴う。そして人間が生まれながらに持っている欲求の抑圧が要求される。生産と秩序には組織的な活動が必要だからである。また智的生活は支配者の利益にかなうような規範をつくり出す。組織は支配服従の体系だからである。家庭は社会の細胞ともいうべき最小の組織である。家庭では、智的生活は女性を奴隷的地位におとしている。努力と義務は秩序をつくり文明をつくるが、それは必然的に人間と人間の間に支配をもたらす。

智的生活は人間の自由を実現するものではないと有島は述べる。では何が自由を実現するのかというと、有島によれば、自由は本能的生活においてはじめて実現するのである。「男女の愛は本能の表現として純粋に近く且つ全体的なものである」と有島は書いている。そして「男女の愛に於て、本能は甫《はじ》めてその全体的な面目を現して来る。愛する男女のみが真実なる生命を創造する。だから生殖の事は全然本能の全要求によつてのみ遂げられなければならぬのだ。これが男女関係の純一無上の用件である[1]」。

ところが女性は男性の奴隷として家庭という制度につながれている。女性は生きていく必要に迫られて愛を生活の欲求のために使い、男性も女性の弱みにつけ込んだ。こうして愛は不純な要素にまみれてしまったというのである。しかし本来、家族は対等な男女の愛による結びつきでなければならないし、だから法律や制度にとらわれる必要はないはずである。こうして有島は家庭に対して、自由な愛を対置する。家族は愛による結びつきである。法律や制度によって押さえつけることはできない、というわけである。

有島武郎は、愛が社会的結合や男女の結合をつくるのだという。夫婦愛は、純粋に本人たちの内側から生まれ出る感情である。愛する男女は自発的な意志に従って結婚するのである。

4　自由な社会的結合の出発点――賀川豊彦『地殻を破つて』

真の自由とは人間関係をつくる自由

有島武郎の『惜しみなく愛は奪ふ』が出たのと同じ年に、賀川豊彦の『地殻を破つて』が出ている。貧民街の聖者といわれた賀川豊彦は、真の自由は社会関係をつくる自由だと主張している。つまり自由な関係の二人が夫婦になる。思いを共有する人たちが集まって会社やＮＰＯを起こす。地域の人たちが村や町をつくる。そういう自由な結社形成をおこなうことが真の自由だというわけである。そういう過程が幾重にも積み重なった最後に国家が見えてくる。

賀川豊彦にとって、自由とは自由な人格の成長のことだった。何でも思うことをおこなうのが自由なのではない。人間と人間の結合を自由につくり出すことが自由なのである。小は家族をつくることから、企業や組合などさまざまな事業体をつくること、そして大は国家をつくることまで、自由とは人間の結合をつくることである。そのことを通じて人間は自由な人格の成長を成しとげる。

「自由は個人的であると云ふ人がある。しかしこれもなんたる謬つた考であらう！　一人居ることが自由であるならば、猫と、虎と、獅子は最も大なる自由を持つて居るものである。然し人間の自由とは一人居る自由ではない。それは二人以上のものが一緒に居れると云ふ自由である。……社会性を持ち得る自由である。二人が愛し得る自由である。恋の自由の成立し得る世界といふことである。一人の自由は下界の自由である。恋愛の自由の成立し得る世界は天上の世界である。で、自由と云へば一人のみの享楽し得る自由を指して居ると云ふことは非常な誤解である。愛を通じて、また恋愛を通じて新しき社会を産み得る世界をも、自由の境地と云ふのである(2)」。

「社会性を持ち得る自由」と賀川は書いている。それは言い換えれば、小は家族から大は国家まで、団体をつくる自由である。つまり多元主義である。多元主義の理念がこれほど単刀直入に表明された文章はあったろうか。実際、賀川は社会システムをつくる人だった。消費協同組合をつくり、労働運動や農民運動を組織し、成功しなかったがいまでいうＮＰＯ法人のかたちで工場をつくったりした。

賀川が設立した神戸購買組合はいま日本最大の規模を誇る生活協同組合コープこうべの前身である。

夫婦は市民社会の最小単位

それにしてもなぜ「恋の自由の成立し得る世界」が根本に置かれているのだろうか。もちろん家の存続のためとか家長の許可によるといった婚姻が、とても自発的結合とはいえないからには違いない。

しかし賀川が見つめていた現実はもっともっとなまなましい。貧民街に住んで活動していた賀川の目にはそこに住む人たちの姿が焼きつけられていた。『地殻を破つて』には貧しい女性たちがたどった人生が書かれている。士族の一家が零落して貧民街に住んでいた。その家の娘の一人は娼妓になった。もう一人は結婚したが夫は結核に冒されていて、数年間看病したあと夫が亡くなり実家に帰された。そしてまもなく彼女も結核で亡くなった。

賀川は、多くの貧しい女性が自由な愛とは縁もゆかりもない世界に生きていることを目撃していた。自由とは自由な人格の成長のことである。自由な人格の成長には自由な恋愛が欠かせない。自由な恋愛によって夫婦という社会の最小の単位を自分たちの力でこしらえること、それが自由の本質だ。ところが貧しいということが、その自由を手の届かないところに追いやってしまう。

夫婦は市民社会の最小の単位である。対等な男女の自由な恋愛によるのでなければ、どうやって自由な家庭をつくることができるだろうか。賀川豊彦はそう考えたのである。

5　生殖と経済――高群逸枝の『恋愛創世』

女性の性的自己決定権

高群逸枝は女性の性的自己決定権を最も早く最も先鋭なかたちで主張した。性的自己決定権とは、だれと性交するか、妊娠するか、生むかを、最終的に決めるのは女性だという考えである。高群逸枝は自由の尺度を女性が性的自己決定権を有しているかどうかに置き、その観点から自由な社会を構想したのである。自由といえば、言論の自由や職業選択の自由や結婚の自由など、いろいろある。中でも政治的自由こそ、最も重要な自由である。ところが高群逸枝は真っ先に女性の性的自己決定権をあげる。

一九二六年に出版された『恋愛創世』の中で高群は、遠い将来において婚姻制度はなくなっているだろうという。婚姻制度はなくなるのに、それによって夫婦のきずなは深まると考えた。なんだか矛盾しているように聞こえるが、そうではない。いまの婚姻制度は妻が夫に隷従することを求める制度だ。そういう婚姻は根本において認めることはできないというのである。高群は「純粋な意味における一夫一婦」を理想とした。それは男女が完全に対等であり、そして対等であることによって女性の性的自己決定権が実現されている夫婦関係である。

恋愛をモデルにして社会を構想する

恋愛を基礎にして社会組織を構想しようとしたら、どうしても社会組織は不安定になるだろう。契約による結合関係であれば、合意によって結合するが、一方が解消したいといってもかんたんに解消できるわけではない。それに対して恋愛は冷めることがあるから、そのときに一方的に関係を解消しようとしたらいざこざが起こるだろう。それでもなお恋愛を基礎にして社会組織を組み立てようとするのだから、高群は愛情が冷めることは考えていないか、またはネットワーク的な人間関係を考えているといえる。その関係は、合意によって結合し、誠実に行動するが、それだけではなく一方が望めばいつでも解消することができるという関係である。合意によらなければ結合を解除できないという関係ではない。

恋愛は根本的にそういう関係である。愛し合った男女は合意によって結合する。一対のカップルになる。しかし不幸にして片方の愛情が冷めたらどうか。そのときは結合を解消するのだ。愛情が冷めた相手といっしょに暮らすのは苦痛でしかない。別れるのがいい。高群逸枝のいう「純粋な意味における一夫一婦」というのは、愛が冷めたら別れることを承知したうえで、なおかつ長く持続する関係なのである。

そこまではわかるとしても、恋愛で夫婦になることと、相棒と会社を立ち上げることは違う。「純粋な意味における一夫一婦」をモデルとして会社組織だとかＮＰＯ組織だとかを構想することはできるだろうか。合意によって形成できるが、一方的に離脱することができるということになったら、そういう組織では継続的な事業活動も困難だろうし、当たり前のように取引の契約を反故にされたらたまったものではない。これでは社会秩序も維持することができないだろう。とはいえ自由な恋愛を基礎にして社会組織を構想することが不可能かといえばそうでもない。高群逸枝は恋愛を出発点に置いて社会組織を構想した実にユニークな思想家だった。

「経済」と「生殖」

高群逸枝は社会を構成する原理として「経済」と「生殖」のふたつをあげる。そして両者を対立するものととらえている。「経済」とは支配と秩序による社会構造である。生産や交易といった経済活動をおこなうとき、人間は必ず組織をつくる。そして、それは一部の人間の権力と利益に奉仕するように仕組まれていて、組織に所属する人たちの行動を制限する。これに対して「生殖」は人間の自由を基礎にしてつくられる社会構造である。男女が愛し合って結合する。この関係は自由な関係である。もともと好きでなければ結びつかないし、どちらかがどちらかを支配し、どちらかがどちらかに服従する関係ではない。というわけで高群は経済と生殖を対比する。

さて、人類史をながめると、経済が優先すると生殖は不自由になる、生殖が自由になると経済がふるわなくなるという循環を繰り返した。どっちの時代が幸福だったかといえば、それは明らかに生殖が自由な時代だった、と高群逸枝は述べている。実に独創的な思想ではないか。

有島武郎も高群逸枝も社会関係の基礎を夫婦のつながりに求めた。しかもその思考の筋道は非常に独創的だった。ふたりとも根源にさかのぼって考えたので、いうなれば日本版社会契約説を独力で築き上げたといえる。ジョン・ロックやジャン＝ジャック・ルソーのような問題に取り組んだわけである。それにロックやルソーには家父長制のにおいがするが、有島武郎と高群逸枝は男女平等論である。ふたりは男尊女卑の秩序に真っ向から戦いを挑んだ。

有島武郎は、大昔から男性の女性支配は定着しているが、それを打破しなければ本当に人間らしい生活は獲得できないと論じた。高群逸枝は女性は犬や猫のメスにも劣る、犬猫のメスは交尾を拒絶するが人間の女性には性交を拒否する権利さえ与えられていないと、強烈な文章を書いている。高群逸枝は女性の性的自己決定権に言及した最初の人だった。高群は生殖と経済を対比して、おもしろい説をとなえた。社会組織が生殖を原理としてつくられるとき、人間は自由であるが、経済を原理としてつくられるときは不自由であるというのである。

男女の愛は自由であり法律や制度によって封じ込めることはできないというのであるから、有島武郎のいう「本能的生活」はアナーキズムにつながっている。この論法は経済と生殖を対比する高群逸枝の論法とうり二つである。有島も高群も、社会組織や法律によって人間の行動を規制することは、自由を抑圧することだととらえた。その自由を有島は本能的生活に結びつけ、高群は生殖に結びつけている。本能的生活といい生殖といい、内容はほとんど同じである。対等な男女の、愛による結びつきである。ふたりとも男女の愛を自由の本質と見なしたのである。

6　大正デモクラシーと社会的構築

社会的構築とアナーキズム

大正デモクラシーは社会的構築の時代だった。通俗小説は未婚男女の恋愛を肯定的に描き、大正ロマンが描いた女の子の大きなひとみは親を思う孝女のひとみではなく恋に恋するひとみだった。エログロナンセンスは既存のしかつめらしい道徳をかろやかに嘲笑した。こうして一九二〇年代から三〇年代中ごろにかけて社会意識が深いところから変容していった。社会的構築の力はもちろん多様である。だがその方向に大きな網をかけようとしたらアナーキズムが思い浮かぶ。民本主義や大正ロマンやプロレットカルトといったことばでは、どうしてもはみ出してしまうものがあってぴったりしないのである。民本主義と通俗小説とエログロナンセンスをいっしょにつなごうとしたらやはりアナーキズムしかない。

和辻を除く三人には程度の差こそあれアナーキズムに対するシンパシーがあった。アナーキズムというとテロと暴力を辞さない直接行動を連想する人が多いと思うが、アナーキズムをそういう面だけでとらえるのはたいへん残念な間違いである。アナーキストには非常に多様な顔がある。国家をはっきり否定するものもあれば自由奔放な芸術文化表現をするものもある。破壊活動や暗殺など直接行動を是認するものは少数派なのである。

一九二〇年代から三〇年代前半のアナーキズムにはモダンな世相の先頭に立っていたという面が

あった。辻潤や高橋新吉や武林無想庵などのダダイストは否定の感覚を尖ったかたちで表現した。アナーキズムにシンパシーを抱く評論家たちは、新居格や大宅壮一のように、新感覚派ばりのしゃれた文体で、銀座を闊歩するモガモボに拍手を送ったり、既存道徳に反発したりした。アナーキストは、政府に向けて市民社会を対置し、市民社会こそ根本なのだと主張したのである。一九二〇年代の日本で、アナーキズムは最も市民社会的な性格を持っていた。

アナーキストは国家主義に反対するとともにソ連共産主義にも反対した。資本主義に反対するとともに、現実的な代案として協同組合主義を提案した。失敗に終わったが賀川豊彦はいまでいうＮＰＯ組織による工場をも起こしたのである。今日の生活協同組合は賀川はじめアナーキストが起こしたものが少なくない。そして協同組合活動は平塚らいてうや与謝野晶子など都市の人びとを惹きつけた。のちに主婦連をおこす奥むめおもアナーキズムのシンパだった。アナーキズムは先進的ではなやかな活動だったのである。

文化的には数多くのジャーナリストや芸術家がアナーキズム的な感性で最先端の仕事をした。破天荒な想像をめぐらせて、人びとを驚かせ、かつよろこばせた。既存の権威や慣習を堂々と茶化したり批判したりした。自由とモダニズムで真っ向から政治や社会慣習に立ち向かったのはアナーキストだけだったといっても過言ではない。要するに今日の読者の感覚にいちばんぴったりするのである。

アナーキズムの多様性を再評価すべき

アナーキストは実に多様である。アナーキズムの精神は、かがやくような文体で個性の叫びをかたちにした自由奔放な芸術家や文筆家も育てたし、とらわれない発想で起業する社会事業家も育てた。わたしは賀川豊彦とともに西村伊作を、アナーキズムの精神を最もよく具現した代表的人物として推したい。西村伊作は文化学院を創設した教育者として知られているが、同時に建築家であり画家であり陶芸家であり詩人でもあった。

もちろんアナーキストといえば大杉栄や幸徳秋水や石川三四郎を真っ先にあげなければならないだろう。その中でも大杉栄はキラキラした文体や奔放な女性関係で、アナーキストの代表格のようにとらえられている。大杉栄には直接行動を主張し自由恋愛を実行した身勝手で反道徳的な社会主義革命家というイメージがつきまとっている。たしかに大杉はいかにもアナーキストらしいアナーキストであるが、大杉だけをもってアナーキズムを代表させるのは適切ではない。

アナーキズムは一九二〇年代に育ち始めた市民社会の、その先端に生まれた新しい動きの原動力だった。革命家や労働運動家だけを育てたわけではないのである。

ダダイスト辻潤

ダダイストの評論家辻潤は多くのアナーキストと親交があった。伊藤野枝との間に一子をもうけたが、夫妻が大杉栄と出会うとやがて野枝は辻を捨てて大杉といっしょになる。辻がダダイストを名乗るのはそのあとのことであった。ダダイストとして最初に出した著作『ですぺら』（新作社、一九二四年）はまさしく言いたい放題、痛快な本である。人間はみんなとことん違っていて自由に生きていけばいい。他人の言動をとやかくいうことはない。文学は道楽だ。同じように政治も宗教も道楽だ。女性に夢中になって生きるの死ぬのというのも道楽だ。道楽に夢中になれるのはいいことだ、と書いて最後に「人間は各自好きずきな人生観を持ち、道楽を持つ、まるで道楽がない奴もゐる。しかし金をためることを道楽にする奴もゐる。みんな自分の好きなやうに生きるがいい、――それ以外にはなんにもありはしない」とまとめている。(3)

破天荒なヒーロー丹下左膳を生み出した男

小説家の長谷川海太郎は文体内容ともに日本語の表現に新風を吹き込んだ。長谷川は中学五年生のときストライキを起こして退学した。その後明治大学専門部で学ぶ。大学卒業後アメリカに渡って職業を転々としながら各地を放浪した。帰国後まもなく一九二五年に、谷譲次名でめりけんじゃっぷものの連載を始めて大評判になった。その後は縦横無尽の活躍ぶりで、林不忘の筆名で丹下左膳ものを書き、牧逸馬の筆名で評論活動と三つのペンネームを使い分けた。八面六臂いや文字通り三面六臂だった。一九三五年、三五歳で急死、小説家として活躍したのはわずか一〇年だった。一時期大杉栄のところに出入りしていたことがある。

長谷川海太郎を政治的なアナーキストとするのは無理がある。ただ長谷川が漂わせている雰囲気はまことにアナーキーである。丹下左膳はアンチヒーローだ。隻眼片腕の剣の使い手で何をしでかすかわからない。血に飢えていて辻斬りに快楽を覚えているような奇怪な人物である。髑髏を染めた白の紋付きに女物の赤い襦袢と、身なりからして奇天烈《きてれつ》ないでたちである。それがこけざるの壺なる茶の湯の名物や乾雲坤竜なる一対の妖刀を奪い合って大立回りを演じる。侍なのに忠義なんかくそくらえなのだから、破天荒至極である。

長谷川が作家として活躍したのは約一〇年間だったが、その後半にあたる一九三〇年代前半はエログロナンセンスの時代だった。江戸川乱歩や夢野久作の猟奇的な作品が注目を浴びたが、丹下左膳もナンセンスの一角を占めた。エログロナンセンスといえば、真っ先に思い浮かぶのが出版人の梅原北明であり、性科学研究の小倉清三郎であり、博文館が出した雑誌『新青年』であり、カフェだろう。既成道徳を茶化したり、それまで秘匿されていた性の実相を堂々と白日のもとにさらしたり、まことにアナーキーだった。まさしく社会的構築がおこっていたのである。

『婦人公論』一九三〇年一〇月号に、谷譲次の名で「貞操のアメリカ化を排す」というタイトルの評論が書かれている。内容はタイトルとはまったく逆で、未婚男女の恋愛を肯定し、日本の男性優位の貞操観を胸のすくような語り口で小気味よく切り捨てている。その一節は以下の通り。

「一個の男性と一個の女性との間に真実の恋愛さへあれば、その性的交渉はどんなに享楽的であつても、享楽的であればあるほど、増すます自然の流露であり、天真爛漫であり、児戯の相であるであらう。反対に、恋愛のない性的交渉は、それが享楽的であればあるほど、反社会的であり、醜怪である[4]」。

感性の解放

有島武郎も高群逸枝も賀川豊彦も和辻哲郎もモダンな感覚を持っていた。有島武郎の童話には子どもに対する新しい視線があり、それはモダンな詩情を発散している。高群逸枝は表現力豊かな詩人だった。処女詩集『日月の上に　長編詩』（叢文閣、一九二一年）の冒頭には次のような強烈な自意識を誇示する四行詩が見える。「汝洪水の上に座す／神エホバ／吾日月の上に座す／詩人逸枝」。

賀川豊彦もさかんに詩を書いた。それほど上手な詩とは思えないが、選ばれる語彙と表現の対象はモダンだった。和辻哲郎は『源氏物語』の桐壺と帚木のつながりが悪いことを指摘したり、大和古寺めぐりで洞察力の鋭さを見せたりした。和辻の感覚をモダンと形容したらややズレるだろうが、新感覚の詩的感受性が豊かだったことは間違いない。新時代の美感覚に対する共感があった。和辻は学生時代、谷崎潤一郎などとともに文学活動に力を入れていたのである。疾風怒濤（シュトルム・ウント・ドランク）の青春があったといわれる。

7　まとめ

家族と社会組織

家族の構造は社会組織の構造に影響する。人は家族という一次集団で生まれ育ち、やがて学校とかクラブとか会社とかの二次集団に属するようになる。クラブの先輩後輩はきょうだいにたとえられるだろうし、会社の社長と社員の関係は父親と息子の関係になぞらえられる傾向があるだろう。

それは政治思想にも反映する。父子関係における孝が優先するか、夫婦関係における対等性が優先するかで、政治思想は大きく違うだろう。日本では一九二〇年代に思想においても通俗小説においても、男女の愛が重視されるようになった。思想の分野では賀川豊彦、有島武郎、高群逸枝、和辻哲郎の四人がきわめて重要な著作を残した。

和辻哲郎について付言しておこう。和辻哲郎は文献学の方法論に則って、日本史における倫理思想の発展をいきいきと描いてみせた。江戸時代であれば、武士の家訓や浄瑠璃の脚本や商家の家訓など、多様な分野の多様な階層の人びとの倫理意識を写し出してみせた。その手際は実に鮮やかであった。

戦後和辻は『日本倫理思想史』を完成させたが、その記述は福沢諭吉で唐突に終わっている。明治以後の叙述を追いかけると、これが同じ学者の筆になるのかと疑いたくなるほど叙述が荒っぽい。江戸時代の倫理を考察するときには、歌舞伎や浄瑠璃を検討しているのに、近代日本の倫理を論じるときには大衆小説に目を通した形跡がまったくないのである。高齢の和辻に残された時間はなかったのであろうが、これでは画竜点睛を欠くといわざるを得ない。

恋愛とデモクラシー

第一次世界大戦後から、男女の問題は一貫してデモクラシーと多元化に寄与してきた。戦後、新憲法に男女平等がうたわれたとき、一九二〇年代から繰り返し通俗小説に描かれてきた恋愛のあり方が、デモクラシーを考えるよすがになった。それはデモクラシーについての最もわかりやすい教材であった。

一九五八年、警職法反対闘争のとき、月刊誌が「デートも邪魔する警職法」という特集を組み、デモ隊がそれを取り入れて「デートもできない警職法」というスローガンをかかげて話題になった。古い世代には政治問題にデートを取り上げるなんてという感覚があったのだが、若い人たちにはすんなりと受け入れられた。五六年には「若いお巡りさん」がリリースされてたいへんな大ヒットになっていた。うたったのは曽根史朗。うたは「もしもしベンチでささやくおふたりさん」で始まる。デートしている若い二人に若い巡査がおせっかいにも声をかけるというストーリーである。いままでのお巡りさんと違って、若いお巡りさんには自分たちと同じ感覚を持ってほしいという願望がこもっていた。その延長に「デートもできない警職法」がある。そのスローガンは日本に市民社会が育ちつつあることのあらわれだった。そしてその先にあったのが六〇年安保闘争だった。

その後、ジェンダーが提起されたときも、ＳＯＧＩが提起されたときも、若い男女を中心に多くの当事者が声を上げ、日本社会を多元化するために貢献した。ただし変化はゆっくりしている。とくに国際比較すると変化の緩やかさは際だっている。

一方にセクハラ訴訟や Me Too の運動があれば他方にテレビドラマ「ヒヤマケンタロウの妊娠」がある。さまざまな力が働いて社会的構築がおこなわれているのである。

男女平等のたたかいは依然として家父長制とのたたかいである。かたちを変えた家父長制とのたたかいである。長く問題にされてきた女性の年齢別労働力率曲線のM字型はおおむね解消した。しかし女性の所得が年齢別にL字型を描くこと、会社の社長や管理職に占める女性の割合がいちじるしく低いことは依然として深刻な問題である。家父長制はかたちを変えていまも根強く生き残っているのだ。

●補記

性的自己決定権は今日のジェンダー平等の取り組みの中できわめて重要な問題である。しかし政府も自治体も必ずしも問題の中心をとらえているとはいえない。英語のリプロダクティブ・ヘルス&ライツが性と生殖に関する健康と権利と翻訳されていることもあってか、男女共同参画の取り組みのメニューには乳がん検診などが顔を出すこともある。乳がん検診と性的自己決定権はどんなふうにつながるというのだろうか。

註

（1）『有島武郎全集・第八巻』筑摩書房、一九八〇年、二一〇ページ。
（2）『賀川豊彦全集・第二一巻』キリスト新聞社、一九六二年、三九〜四〇ページ。
（3）辻潤『ですぺら』新作社、一九二四年、一〇ページ。
（4）岩見照代監修『「婦人雑誌」にみる大正・昭和の女性像』第七巻、ゆまに書房、二〇一五年、四五ページ。

第二章

大きく変わった政治の論じ方

1　戦後は政治思想にとって稀有な時代だった

政治の論じ方が大きく変わった

戦後、政治を語る概念がきわめて大きく変わった。そもそも政治の論じ方が変わった。政治は個人的な体験を踏まえて論じられるようになったのである。たんに国家や国民の針路を大所高所から考察するといったことではすまなくなった。一九三〇年代にはマルクス主義の台頭に伴って階級というカテゴリーがもちいられるようになったが、階級ということばもそれだけでは用を足さなくなった。

戦前と打って変わって、戦後はマルクス主義の影響が大きくなった。満州事変以来の足かけ一五年にわたる戦争に反対し、「獄中一八年」の間非転向を貫いてきた徳田球一や志賀義雄の存在はかがやいていた。マルクス主義の権威は、そういう日本共産党の指導者のかがやきを背景にいやがうえにも高まったのである。それはある程度自然のなりゆきだったが、マルクス主義の影響は主としてインテリ層に限られた。

しかしマルクス主義者とくにいわゆる正統派マルクス主義の威光はインテリの間でも長くつづかなかった。正統派マルクス主義というのは理論と実践の統一を主張する人たちで、日本共産党の指導に服する人たちのことである。人脈の上では講座派と重なる。マルクス主義は戦前から、国際共産主義運動と足並みをそろえて共産主義革命をめざす講座派（または正統派）と、実践活動とは一線を引きマルクス主義を学問の理論として活用しようとする労農派が対立していた。

マルクス主義を信奉する人びとは階級ということばを使えばものごとはあらかた説明できると考えたが、それは時代の思想状況を誤ってとらえていたからである。マルクス主義者の多くは強い理論信仰にわざわいされて、個人的な体験に還元されない言説には説得力がなくなっていることを理解しなかった。ただでさえ敬遠されがちなマルクス主義である。それはマルクス主義の影響力がたちまちおとろえていく原因のひとつだった。

出発点としての戦争体験

わたしは一九七〇年に大学に入った。高校時代にマルクスの名前を知り、『資本論』に挑戦してみたが歯がたたなかった。大学で学んだ経済学が宇野弘蔵の学派でこちらの講義は非常におもしろかった。わたしの学生時代のマルクス体験はその程度だった。

小説はけっこう読んだ。無謀な戦争を起こした無責任な人びとに対する激しい怒りは五味川純平の『人間の条件』や原民喜『夏の花』、井伏鱒二『黒い雨』などで培ったと思う。わたしは『金閣寺』など三島由紀夫の小説も好きだったが、『英霊の聲』『憂国』や『豊穣の海』四部作などにあらわれる三島の思想はまったく受けつけなかった。印象的だったのは『英霊の聲』の結末である。憑代《よりしろ》となって、刑死した青年将校のことばを伝えた青年が物語の最後で息を引き取る。気がつくと青年の顔はだれのものでもない顔になっていた。おかしな表現だなと思ってすぐに、天皇の顔をいっているのだと気づいた。右翼の三島が天皇に対する激しい呪詛《じゅそ》を内心に養っているのか、それはそれで首尾一貫していると感じたものだった。

わかっているのは自分たちであって読者の蒙《もう》を啓《ひら》くとか、正しいのは自分たちであって謬論を論破するといったスタイルの議論は説得力がなくなった。要するに『国民之友』や『日本人』のような論調はかげをひそめたのである。ときには自己批判が伴い、ときには非常に深い内省に向かうというように、政治を考えることは自分自身を見つめること抜きにあり得なくなった。一九四五年からの三〇年間は日本における政治思想の歴史において実に稀有な時代だった。「戦後」のような時代は、あとにも先にもなかった。

文学者が思想状況の先頭に立った稀有の時代

いきおい人びとを深い思索に導く問題提起は文学者たちがリードした。政治に対する考察は、しばしば小説や詩のかたちをとったのである。詩が？　と思われる人も少なくないだろうが、田村隆一や鮎川信夫は、時代の様相をトータルに切り取ってコラージュするような深い内容の詩を書いた。たとえば鮎川信夫の「繫船ホテルの朝」を読んでみていただきたい。詩がうたっているのは、ホテルで女性と一夜をすごした男の心象なのだが、まるで当時の時代状況そのものがまざまざと浮かび上がってくるかのようである。

五味川純平『人間の条件』、野間宏『真空地帯』、大岡昇平『俘虜記』、梅崎春生『桜島』のように戦場や兵士としての体験が創作の土台にすえられた小説も少なくなかった。五味川純平は中国東北部の鞍山の製鋼所で働いていたが、一九四三年に召集された。八月にソ連が参戦したときには五味川が所属する部隊はソ連軍の攻撃で壊滅した。生存者は五味川ほかわずかだった。『人間の条件』は一九五五年に発表された。自己の体験を踏まえて書かれた長編小説で一大ベストセラーになった。大西巨人は一九五五年に『神聖喜劇』を書き始めて、八〇年に完結したときには一大巨編になっていた。『神聖喜劇』は軍隊を通して人間性の真相に迫ろうとした作品だった。

古山高麗雄は一九二〇年生まれで、一九六九年に処女作を発表し、翌年『プレオー8の夜明け』で芥川賞を受賞した。作家デビューは遅かったが、戦争体験をもとにして人間性を探求しつづけた。このように戦争を通じての人間性の探究が政治を論じるときの根底に置かれた。敗戦から四半世紀経っても、なお戦争体験はしきりに描かれ、政治を論じるときにしばしば自己の体験が引照されたのである。評論家の山本七平は、一九七〇年代中ごろから自己の戦争体験を発表し始め、やがて洞察力に満ちた日本人論を次つぎと発表するようになった。いま日本人論といったが正確には政治文化論ともいうべき内容で、その主張は明らかに自身の戦争体験に裏づけられていた。

自己の戦争体験にもとづき、できごとを具体的に描いて物語をつくるのであるから、小説には圧倒的な迫力があった。詩や評論にも小説に次ぐ影響力があった。学者が論じる民主主義論や革命論や帝国主義論など、背後に戦争体験がほの見えるのでない限りたいした説得力はなかった。そういう時代が一九四五年からほぼ一九七五年までつづいた。稀有な時代だった。

2　政治思想の戦後は一九八〇年代に終わった

小松真一『虜人日記』のこと

文学者ばかりではない。あまり文章をつくったことのない人びとも政治について洞察力に満ちた文章を書いた。小松真一『虜人日記』はフィリピンの捕虜収容所での体験をふりかえったものだが、収容所はあたかもトマス・ホッブスのいう「自然状態」だった。収容所で暴力が猛威をふるうのを経験して、日本人は暴力でなければ秩序をつくれないのかと、小松は悲痛な叫びを上げている。ホッブスが社会契約説を組み立てるために頭の中でつくり出した架空の状態を小松は収容所で身をもって経験したのである。『虜人日記』のもとになる絵日記は小松が骨壺に入れて持ち帰り、長く銀行の金庫に眠っていた。一九七三年に小松が亡くなったあと、翌々年に筑摩書房から出版された。焼跡でも闇市でも、多くの日本人が小松と同じようなギリギリの経験をした。

一九八〇年代になってようやく戦争体験を原点に置く著作活動は下火になった。日本人の戦後はこのころに本当の意味で終わったのである。中曽根康弘首相が「戦後政治の総決算」をかかげて大規模な行財政改革に乗り出したのは一九八五年のことだったが、「戦後政治の総決算」ということばはそのころの思想状況と表裏の関係だったといえる。そうしてそのころから日本人の政治論はじょじょに深みを失っていった。政治学者はいたずらに理論にはしり、マスコミは論説が根拠とすべき思想への探究をおこたるようになった。理念の探求なき実証主義の時代が始まったのである。

一九九〇年代から政治学の注目度は落ちた

わたしは政治学者であるから、最新の理論動向に注意を払ったことはもちろんである。しかし一九九〇年に『男だって子育て』（岩波新書）を書いたころから、自分の体験に関係がうすい理論にはあまり興味を持てなくなった。年齢のせいということもあるかもしれないが、むしろ政治状況の変化によると思う。社会主義の敗北が色濃くなったこともある。政治や政界のできごとよりも、市民社会で起こっているできごとのほうに関心が移ったこともある。ハイポリティックスからライブリーポリティックスに、わたしの関心は移っていったのである。

もっとも政治思想が世論の注目を集めなくなったことを悲しむべきかどうかは別問題である。学者や評論家の発言が重みを失ったのは、それだけ政治が依拠すべき価値、すなわち民主主義と呼ばれるものの実質が社会にいきわたったからにほかならない。戦争体験は国家規模での価値の転換、すなわち権威主義から民主主義への移行を橋渡しするために不可欠な要素だった。戦争体験はすべての国民が身をもって体験したのである。やがて民主主義が浸透すると、戦争のような国民規模の共通体験ではなく、薬害エイズ問題や水俣病や性的マイノリティといった、多数の人びとの経験の届かない問題が政治の課題になる。NPOを起こした人びとや人権を侵害され訴訟に踏み切った人びとが声を上げると、それをマスコミが報道する。そういうことが頻繁におこなわれるようになると、学者がふりかざす舶来の理論など、ともすれば空理空論に見えるようになったのである。

わたし自身若いころに稀に経験したが、何かある事件が起こったときに、あの人ならどう考えるのだろうか、あの人の意見を聞きたいと感じたことがあった。事件をどう見るべきか、確信がなかったからである。そういうとき思い浮かんだのは、加藤周一、鶴見俊輔、丸山眞男といった人びとの名前だった。結論だけでなく結論に達するプロセスをふくめてこの人たちの発言に耳をかたむけたかった。そのプロセスの周縁にそれぞれの体験が存在するのを期待したことはもちろんである。そういう体験を、九〇年代になると、人びとが自分のことばで語るようになった。そのためわざわざ学者のことばに耳をかたむける必要がなくなった。学者の発言が重みを失ったからといって、学問や政治思想の後退と見てはいけないのである。

3　政治における主体性の探求

梅本克己の主体性論

本論に戻ろう。

自己省察と政治論の橋渡しをする。そのさきがけは哲学者の三木清であったろうが、三木清のように戦前から内省を絡ませて政治を論じたものはほとんどいなかった。それが戦後には思想界の様子はすっかり変わったのである。そういう思想のあり方を代表するのが荒正人の「第二の青春」であり、荒正人も同人だった近代文学派が提起した主体性論である。平野謙や荒正人ら近代文学派は政治に対する文学の自立を力説した。これに対して「新日本文学」の中心人物で日本共産党の幹部だった中野重治が手厳しく批判し、それがきっかけとなって政治と文学論争が起こった。

主体性論といえば、ひと昔前ならマルクス主義の哲学者である梅本克己の名前を思い出す人が多かっただろう。こちらの主体性論は近代文学派のいう主体性論とは力点が違い、人びとがなぜ階級意識に目覚めるのかということに焦点を当てていた。政治というものが自分の外側にあり、それが自分の意識を規定している。そういう状況に置かれた人間がどうして階級意識に目覚めるのか、外部と内部の緊張関係に梅本は焦点を当てた。梅本を修正主義者として批判したのが正統派の松村一人だった。松村は梅本の思想を実存主義的として批判し、そこからふたりの論争が始まった。

梅本克己の問題意識は『唯物史観と現代の意識』（一九二八年）を書いた三木清の問題意識とうりふたつである。そして三木清が服部之総のような正統派マルクス主義者から激しい批判を浴びたことも、梅本の場合とよく似ていた。三木は西田幾多郎の、梅本は和辻哲郎の門下生で、ふたりはともに自分の内側に内面化されていた師の哲学との思想的な苦闘のすえに、彼らなりの思想形成を果たしていた。

とくに梅本の葛藤は激しかった。梅本は一九三四年に東京帝国大学に入学し、和辻哲郎に私淑した。和辻はつとにマルクス批判の周到な理論を展開していた。人間はたんに経済的な関係だけから社会をつくるのではない。マルクスは生産関係から社会が成り立っているというが、マルクスのいう生産関係の根底には家族だの地域社会だの相互扶助だの、もっと深い人間関係がある。マルクスはそれを無視していると和辻は述べた。深い人間関係、それを和辻は「間柄」ということばで表現した。

梅本は戦時中に水戸高等学校の教授になった。そして敗戦を迎える。やがてかれは急速にマルクス主義に近づいていく。そして『展望』一九四七年二月号に「人間的自由の限界」、一〇月号に「唯物論と人間」を発表した。和辻哲郎の推挽によるものだった。梅本は師の思想との格闘を経てマルクス主義を信奉するようになったのである。

マルクス主義者の批判

そういう人物がマルクス主義の陣営に加わったのだから、正統派マルクス主義者たちは大いに歓迎していいはずだった。ところが愚かにも彼らは梅本を批判することに熱を上げた。それは一九三〇年代の転向者たちに対する冷たい態度の再現だった。転向者は同志から距離を置くようになったのであるから、梅本のように味方の陣営に飛び込んできたのとは全然違う。ところが正統派マルクス主義者の反応は似ていた。林房雄とくらべてみよう。林房雄は一九三〇年に治安維持法違反で検挙され、三二年に転向して釈放された。当時の転向は思想の放棄を意味するものではなく、もう政治活動はしないという意味だった。三二年、林房雄は作家活動を再開するが、それからの数年間、林は依然としてマルクス主義を信奉していた。一九三四年に幕末維新期を扱った長編『青年』を発表する。『青年』はなかなかの力作で好評だった。しかしプロレタリア作家たちはそろって冷淡な批判を浴びせた。林がプロレタリア作家廃業宣言をするのはその二年後だった。

林は政治運動から距離を取っただけであり、梅本は新しく味方の陣営に身を投じたのである。それなのに正統派マルクス主義者たちはまるで敵対者に応戦するかのようだった。林に投げつけた批判にはせっぱつまった様子が見えたが、梅本批判の口調たるや、自分たちの権威をふりかざすような、まことに高飛車な物言いだった。松村一人や服部之総は、主体性論は実存主義に毒されている、実存主義はブルジョアイデオロギーではないか、といった浅薄な論議の立て方しかできなかった。それを彼らは理論闘争と称して、純粋な革命主体を確立するために必須のことがらだと信じ込んでいた。梅本がどんなに苦しんで考え抜いたかということにはまったく無関心だったのである。

修正主義とは何ごとか。そう憤慨して梅本に同情した人は少なくなかっただろう。本当なら、梅本の思想的葛藤に視線を向けるべきだった。それこそが多くの日本人が知りたいことだった。だが視線を向けるどころか攻撃する。そういう姿勢が、正統派マルクス主義の長期的な凋落をもたらした。戦争を経験した日本人の心のあり方に、まったくそぐわなかったのである。

松村一人やその仲間の人たちが、自分の体験を深く掘り下げようともしなかったのは、いまから見るとたいへん不思議に思える。傲慢にも思えるし愚かにも思える。背後にモスクワの存在をほのめかしているように見えて、それが読者に不快と恐怖を抱かせた。何よりマルクス主義者は少数派だったから、イデオロギーを錦の御旗にして少しでも疑義をとなえるものを高飛車に批判したのは、客観的な情勢判断ができていなかった証拠だった。

ちなみに梅本克己は在野のマルクス主義哲学者として一九五〇年代から七〇年代中ごろに論壇で活躍した。政治状況の判断はぶれることがあったが、一貫して倫理的主体性を重んじた。政治思想家の丸山眞男、構造改革論の佐藤昇との鼎談『現代日本の革新思想』（河出書房新社、一九六六年）は、三人の個性がにじみ出ていて読み応えのある対談集である。

4　荒正人の『第二の青春』――政治と非政治の区別

自己省察と政治論が両立する条件

自己省察と政治論の両方に軸足を置いて思索を進める。そのために必要な準備は、政治的領域と非政治的領域を区別しておくことだった。ただしそれは外界と自己の区別ではない。自己の内部に絡まり合って共存する政治と非政治との腑分けである。いくら自立していると思っていても、政治は知らず知らずのうちに自分の内側に入り込んでいる。そして偽りの情報を注ぎ込んだり、事実をデフォルメして感情を刺激し、思想を方向づける。何が正しくて何が虚偽か、よほど用心していないと足をすくわれる。いやどんなに用心していても足をすくわれる。それが政治というものだ。とくに現代政治ではその力が強く働く。

やっかいなことに危機があおられたり戦争になったりすると、人間は正義や国家のためと信じて敵をつくり出す。敵は外国にいるばかりではない。同じ職場に勤めていていつも顔を合わせていたり、同じ町内に住んでいたりしていても、敵と見なして突然すさまじく攻撃することもある。本来なら自省に向かうべきでも、危機の時代にそれができる人はきわめて稀である。そうやって騒ぎ立てる人びとの様子を、高見順や清沢洌やといった人たちは嫌悪と侮蔑と恐怖の感情を込めて日記に書きつけた。もちろん戦争中は表立って批判できなかったから日記に書いたのである。

人間には悪魔的な性向がひそんでいて、政治が騒がしくなるときまってそれが頭をもたげる。そういう騒ぎを一九三一年から一九四五年までの間に日本人はいやというほど見聞し自分でも経験した。そこで、いきおい、まずは主体性を確立しなければならないという議論になる。時勢に流されてその都度右往左往していたら、いつまでも同じ悲劇を繰り返してしまうだろう。そういうわけで自由民権運動の時代などとは政治に対する論じ方がまったく様変わりした。そして日本人の政治思想は、一九四五年からの四半世紀の間に歴史上最も深いところに達したのである。この時期に書かれた加藤周一、林達夫、田中美知太郎、竹山道雄らの論説は、いま読んでも心を打たれる。丸山眞男はもちろんである。その政治的立場の左右を問わず、心を打たれる。

政治と文学論争

さて近代文学派の人びとは、政治が否応なしに人間性をねじ曲げることを問題にした。それは軍国主義国家権力であると革命運動であるとを問わない。平野謙はいわゆるハウスキーパーについて共産党を批判したが、民間右翼のテロや青年将校の武装蹶起まで、政治は目的のために手段を選ばせない。近代文学派はそのことを問題にしたのである。平野・荒と「新日本文学」の中野重治との論争は政治と文学論争といわれ、多くの文学者が参加して論点は大きな広がりを見せた。平野や荒が政治から分離し文学と名づけて政治に対置したものは、ひとことでいえば道徳ないし倫理的規範であった。政治的大義のもとで軽々しく道徳を踏みにじっていいのかというわけである。このようなかたちで政治と非政治は分離された。

このあたりは今日の観点から見ると物足りないところではある。政治と道徳ではあまりにも次元がかけ離れている。政治と道徳の間に、政治と経済、政治と市民社会の区別はしないのか、と問いかけたくもなる。もちろん彼らに答えを求めるのはないものねだりなのだが。当時、論争の当事者だった近代文学派の人びとにとっても新日本文学派の人びとにとっても、政治と経済や市民社会は区別する必要がなかった。彼らにとって経済は特別な強制なしで運行させ得る領域などではとうていあり得なかった。それどころか経済的領域を支配する法則（資本主義の法則）こそ、社会関係の矛盾と不公平の温床であり、政治を反道徳的たらしめている原因なのだった。そして市民社会とは要するにブルジョワ社会のことだった。政治に対置される非政治はあまりにも小さい。ほとんど個人の良心でしかなかったのである。

プチブル性とエゴイズム

戦争でひどい目にあわされた庶民たちは、ささやかなしあわせを望んでいた。中野重治らはもちろん、平野謙や荒正人らも、庶民の考えを「プチブル的（小市民的）」と呼んで蔑視し、そういうささやかなしあわせにこだわっていたら真に良き社会はつくれないと考えていた。要するに日本社会は資本主義階級社会であり、日本がたたかった戦争は帝国主義の戦争だったのであり、さらにその戦争を熱烈に支持したのはほかならぬ庶民たちだったのである。

荒正人は「第二の青春」や「負け犬」で堂々とエゴイズムを主張しようと呼びかけた。しかし荒の主張したエゴイズムが具体的に何を意味しているのかといえば、ほとんど実質がなかった。おいしいものを食べようでも、好きな人とデートしようでも、自分の利益を堂々と主張しようでもなかった。

今日のエゴイズムの語感からいえば、実に控えめなエゴイズムなのである。権力者に従順に従って自分を犠牲にしたりしないこと、それが荒正人にとってのエゴイズムだった。それは抵抗の最後の支えであり不平等や暴力に抗議する勇気であった。しかしそれがなぜエゴイズムなのかは、いま考えてみると腑に落ちない。

5　政治と文学

利己心と社会変革の関係

唐突だが、アダム・スミスなら人間は利己心と利他心を持っているが、利己心はくらべものにならないほど利他心より強い。しかし心配することはない。利己心を満足させようとしたら社会のためになるおこないをしないと満足させられないように社会のルールを変えればよい。そうすれば良き社会がつくられるのだと論じただろう。スミスの利己心と荒正人のエゴイズムは人間性の同じ側面を言いあらわしているに違いないが、荒のいうエゴイズムはスミスの利己心ほど力強いものではないのである。

スミスの社会モデルはのちにヘーゲルが「市民社会」と名づけたものとほぼ同じであるが、人間は自律的に営まれる経済活動を通じて特別な権威や権力なしでも秩序ある社会関係をつむぎ出すことができるという思想は、日本ではほとんど定着しなかった。アナーキズムは本来そういう思想であるはずだが、一九二〇年代のアナーキストも必ずしもそこに焦点をしぼったのではなかった。せいぜい賀川豊彦や奥むめおがかかわった協同組合運動にそういう思想が垣間見えた程度である。そのころのアナーキズムは文化的な分野で隠れた影響を与えたのだった。敗戦後のわが国では石川三四郎のようなアナーキストの生き残りもいたが、ごく少数だった。革命運動とは何のかかわりもない坂口安吾に、のびのびとしたエゴイズムの叫びがあった。

社会のルールを変えればよい。アダム・スミスは何でもないことのようにいうが、戦後の日本人にとっては、まさしくそれが一大難問に見えた。社会のルールを変えるには政治の力によらなければならない。そのためには政治を変えなければならないが、政治はおいそれとは変わらない。それどころか政治が人間をたやすく変えてしまう。情報を操作し、繰り返し宣伝して、人びとの考えをねじ曲げてしまう。それほどまでに政治は強大化した。人間はどう立ち向かっていけばよいのか。

政治の力学と個人の利己心

荒正人や平野謙は、直截には革命運動にもいま述べたような政治の力学が忍び込むことを問題にしたのであり、それに対して日本共産党の幹部でもあった中野重治は共産党擁護の論をはったのであるが、荒や平野には共産党に限らず、もっと差し迫った問題意識があった。中野はそれを党の問題に矮小化して受けとめたのである。荒や平野の問題意識は、文学者の共有するところだった。政治はいわばシステムであり、個人は社会関係を営む以上、好むと好まざるとにかかわらず政治の影響をまぬかれることはできない。次にかかげる中国文学者の竹内好の文章は、当時の文学者にほぼ共有されていた認識だったといってよいだろう。もちろん中野重治をふくめてである。

「現実には権力の芸術への介入は、権力そのものの本性からして避けがたい。というよりも、権力（＝権力主体）もまた人間が作り出したという意味では、諸価値の中の一つであり、したがって芸術と競合関係に立っているし、一方、人間関係の多くは権力関係の側面をもつものでもあるから、権力と芸術とは、絶えず浸透しあうのが常態であるともいえよう。悪しき権力が芸術への介入をくわだてるのでなくて、そもそも権力一般が、私的領域をせばめ、それをできるだけ多く自己の支配下に取りこむ衝動を本来的にもっている。しかし芸術の方からいえば、そのような権力支配の根拠をおびやかすものこそ芸術であり、権力とたたかうことによって芸術が芸術となる[1]」。

6　政治技術——唐木順三の反近代思想

人心の操作

政治は人の心を操作する。人の心を操作することは政治の非常に重要な働きのひとつである。権力の正統性を確立するために、多かれ少なかれ操作がおこなわれる。このような政治の作用について、戦前はほとんど注目されたことがない。一九二〇年代中ごろにマルクス主義が「虚偽意識」の概念を持ち込んだが、一般の読者層への広がりは見られなかった。

マルクス主義に対して戦前の政府が打ち出したのは「思想善導」という教化策だった。明治維新のときの「三条の教則」と考え方は同じである。国があるべき思想を示して国民を教化するという考え方である。こういう政策は政治につきまとう。政治の本質だからである。だが「三条の教則」や「思想善導」のように、問題があって対策があるというのであればわかりやすい。人の心に対する政治の作用は一筋縄ではいかない。人間性の奥深くに根ざしているからである。そのことが軍国主義の宣伝にいやというほど翻弄されたという経験を経て、戦後思想の深刻な課題となった。

唐木順三はシェイクスピアの『ジュリアス・シーザー』に出てくる有名な場面を引きながら、「言葉の魔術的作用」にいかに民衆が幻惑されやすいものであるかと述べている。その場面というのは、元老院でシーザーを暗殺したブルータスがローマの民衆の前で演説をぶつところから始まる。シーザーが終身独裁官になったのでローマの共和制が崩壊するところだった。自分はローマを愛するがゆえにシーザーを暗殺したのだとブルータスは語る。ブルータスがシーザーを暗殺しなければならなかった理由を述べると、ローマの民衆はその通りだとうなずく。民衆の歓呼に送られて颯爽とブルータスが退場する。すると入れかわりにアントニーがあらわれる。そして諄々とシーザーは愛国者だったのではないかと説き始める。やがて先ほどブルータスは愛国者だと叫んだ民衆は、今度はブルータスは暗殺者だ、ブルータスを倒せと叫び始める。そして激昂した民衆はブルータスを殺害するために叫びながら舞台から去るのである。

唐木順三の答え――「特殊」の「絶対化」

この場面に言及しながら、唐木は反近代の思想を語り始める。唐木によれば、政治は「特殊」が「特殊」に対立している世界であり、その中でそれぞれの「特殊」は自己を絶対化する「魔術化」の作用を不断におこなっている。それは「特殊」の絶対化である限り、あくまでも架空の虚構に過ぎない、と唐木はいう。大日本帝国という「特殊」は「万世一系」「八紘一宇」という「魔術化」をおこなった。それはつい昨日まで日本人自身が経験したことだった。同じような「魔術化」を他の「特殊」もしきりにおこなってきたし、おこなっている。

しかし唐木はそこにとどまらない。唐木はいう。「特殊」と「特殊」の対立、「特殊」の「魔術化」は個人のレベルでも起こっているのだと。「個」を解放し、「個」と「個」が対立するものとして連帯性を失った近代社会そのものが、「特殊」の魔術化が重畳した虚構にほかならないと。「個」がみずからを「特殊」として「魔術化」している。それが近代社会の特徴だというのである。そして唐木はそこに、近代文明がもたらしたニヒリズムを見いだした。

ひと目でわかるように唐木は近代市民社会の原理を否定しているわけである。「秩序がフィクシオナルなものであること、特殊の定立は他のものの切捨てによること、さういう構造に気づかない限り、いかに一つの秩序、一つの特殊が魔術的な力をふるはうと、ニヒリズムに属する」[2]。そう主張するのであるから、近代憲法などニヒリズムの産物だということになる。伝統的な昔からつづく秩序こそ人間に真に安定した基盤を提供するのだと唐木は主張しているわけである。

しかしそんなことをいえば、憲法はもちろん、基本的人権だってつくりものである。株式会社だってつくりものである。つまり擬制（フィクション）である。それなら唐木は株式会社も為替制度も、人間がつくり出した社会制度をすべて否定するのだろうか。否定するのなら、文明や社会を根本から否定することになろう。人間は制度をつくってその約束に従って自分たちの行動を律する。そういう方式を編み出して文明社会をつくってきた。それは安全と利便を追求するための人間の理性の産物である。

さすがに唐木もそこまではいっていない。唐木順三は近代政治の対立がおそろしく根深いものであることを論じようとするあまり、つい筆が滑ったのである。「個」が解放され、「個」が自己を「魔術化」して絶対的な「特殊」となり、そうして「特殊」と「特殊」が対立しているという文章からは、為替制度を発明したり、相互扶助の慣習をつくったりすることは排除されていると思われる。「絶対化」された「特殊」と「特殊」が対立する世界というのは、イデオロギーによって対立する現代国家やイデオロギーをかざしてしのぎをけずる政党である。明らかに唐木は東西冷戦下の政治を念頭に置いているのだ。その証拠に、唐木は政治に伴う擬制（フィクション）が、かえって個人の真の理性的判断を停止せしめ、「超越的なるものからの顕示と主体的な行為との一致」を阻害すると語るのである。

7 林達夫――政治は大衆を「Great Beast」として扱う

政治のイデオロギー化と組織化

唐木順三の議論にはそれほど説得力があるわけではない。そういっていいだろう。しかし第二次世界大戦後の世界に、唐木の議論を置いてみると、いわんとするところは恐ろしいほどわかる。東西冷戦はイデオロギー化と組織化が高度に進行した世界のできごとである。米ソはお互いに相手を悪魔のごとくいいなし、自分は天使だといわんばかりにふるまった。まさしく「個」と「個」が互いに自己を絶対化して妥協のない対立にはまり込んでいる。

唐木順三の議論はせっぱ詰まった危機感を漂わせているが、それほどでなくとも人間は決して理性的ではないという思想は、一九三〇年代あたりから思想界に広がっていた。人間の理性的判断には「合理性の限界」が存在するという考えは二〇世紀後半の社会科学で広く受け入れられるようになった考えである。この立場によれば人間が曲りなりにものごとについて合理的判断を下すことができるのは、自己に直接かかわる具体的な問題か小集団においてか（大衆社会論）、もしくは組織の限定的な目的に関するとき（サイバネティックス論）だけなのである。

問題が大きくなった場合はどうか。たとえば国家間関係のように相手との距離が非常に大きい場合は相手を正しく理解することができなくなる。そこで自分がつくり出した相手のイメージに向かって、お互いにメッセージをやりとりするようなことになる。内政についても似たようなことが起こる。エリートは自分に都合のよい事実や、あるいは自分に都合のよいように歪曲された事実のみを大衆に示し、さまざまの手段を弄して訴えるだろう。

こうした宣伝操作が氾濫する中で、大衆はどうしたら真の事実を発見し、それにもとづいて理性的な判断を下すことができるだろうか。実際、政治行動においては合理的判断を前提としては説明できない行動があまりにも多い。人間の政治的判断能力は幼弱である。ナチスドイツや軍国主義日本の行動は合理的な説明がつかないだろう。そしてここからエリートの大衆に対する操作という問題が決定的に深刻な問題として浮かび上がってきた。大衆社会論はその問題についてのひとつの解答だった。

二〇世紀の政治の運命

林達夫も唐木順三と同様の現象を見ていた。ただし林達夫の場合考察の出発点はソビエト連邦だった。林はソビエト同盟における政治の実態をつぶさに観察し、そこでいかに事実が歪曲されているかを列挙し、「政治でいう真実というものがいかに空々しい観念的なものか、理非曲直なるものがいかに抑揚のはげしい愛憎好悪に裏打ちされていびつになっているか[3]」と述べる。政治とは、民衆を煽動してブルータスを倒しに立たせたあの「アントニーの詐術」の体系なのである。どんなに高い理想をかかげる政治権力であっても、「アントニーの詐術」はまとわりついている。

「政治くらい、人の善意を翻弄し、実践的勇気を悪用するものはない。真のデモクラシーとは、この政治のメカニズムから来る必然悪に対する人民の警戒と抑制とを意味するが、眉唾ものの政治的スローガンに手もなくころりと『だまされる』ところにどうでも人が頼らねばならぬ政治のおぞましい陥穽があるともいえよう[4]」と林は嘆いている。

政治は「どんなに進んだデモクラシー、人民政治でも」、例外なく大衆を「Great beast（巨大獣）」として扱うものだと林は述べる。大衆は、エリートに正確な事実の開示を要求するものではなく、エリートも大衆の合理的判断能力に期待して真実を示すよりも、はるかに多く、非合理的情動的感情に訴えようとするものであり、またそのほうがはるかに政治的効果をあげるのである。それが林のいう「政治権力というものの性格とそのオートマティズム」すなわち政治の法則性なのであった。

だが、大衆は真に「巨大獣」なのであろうか。この問いに対する林の解答は二様であった。一方で、そのこと自体がそもそも「悪しき政治の結実」である。しかし他方では、大衆はたしかに、逐一政治的争点に対して自主的に理性的判断を下そうとしないことも厳たる事実である。それゆえ「私は人間の圧倒的多数は由来その政治的態度としてコンフォルミスムをとるもので、従ってある意味ではそれはポリティークの中心課題だとさえ思う」[5]と、林は述べている。「コンフォルミスム」（コンフォミズム）すなわち大勢順応である。

8　政治的無関心——太平洋の東と西で評価が分かれる

アメリカと日本の大きな違い

大衆は政治的にはいつでもコンフォミストだ、という林のことばはきっと正しいだろう。大多数の人は政治に無関心であり、大勢に順応する。それはある政治学者のことばを借りていえば「だれの責任でもない」であろう。しかし、大衆のコンフォミズムが現代政治の中に置かれたとき、林の目にはきわめて陰惨な像が結ばれた。

林達夫がとらえた映像は、同様の問題について同時代のアメリカの政治理論家たちが与えた風景にくらべると、実にいちじるしい対照をなしている。たとえばB・R・ベレルソンは、政治的に無関心で順応主義的な態度の人びとも、政治システムに対しては「価値ある機能」を果たしていると論じた。大衆はたしかに民主主義の古典理論が想定したような政治的公民としての資格を満たしていない。彼らは知識も不十分だし政治参加への意欲も欠いている。けれどもそれは決して非難すべきことではない。そういう大衆のもとでも民主主義はよく機能し得るのだというのが、シュンペーター以後の民主主義の現代理論をとなえる学者たちの答案だった。

一方では、シュンペーター、G・サルトリやベレルソンのように、代議政民主主義を経済的な市場モデルのアナロジーで説明することにより、そして他方では、D・トルーマンらの均衡理論の提唱者のように、政府の意思決定は、各利益を代表する集団が政策決定過程の重要なポイントに直接アクセスを得て影響を与えることにより均衡が保障される、と説明することによって、ともに肯定的なかたちで解決されたのである。そして前者では政党が、後者の場合は圧力団体が、すなわち両者ともに組織が、大衆のコンフォミズムや無関心の埋め合わせをするのである。

第二次大戦後の日本人が組織を楽観的にとらえることができただろうか？

しかしこれはあくまでもアメリカ人政治学者の考えである。一九五〇年代はじめのわが国の知識人から見たら、それは何という楽天的な、いやもっとはっきりいえば、いい加減な見立てであったろうか。現実から遊離すること実にはなはだしいではないか。日本人から見たらとんでもないことだ。組織の本質を具現する典型的な組織は何だろうか。アメリカの圧力団体か。いや日本軍ではないか。近衛新体制運動が起こるやたちまち解党して大政翼賛会にはせ参じた日本の政党ではないか。お望みならナチスの事例を示してもいい。日本だけではない。

林達夫の場合には、彼が見いだした組織の典型はソ連共産党であった。その組織はたしかに人類愛と理想社会建設の熱意に燃えているだろう。仮にその善意は疑えないとしよう。しかし、「絶対唯一の真理を確信する人々の常として、いずれも異端異宗の徒に対しては仮借なき不寛容の態度に出ざるを得ない羽目になり、その『迫害』に相当な弊害が伴う」ものなのである。

林にとって、政党にせよ圧力団体にせよ官僚制にせよ、組織体は個人に代わって合理的意思決定をおこなう存在なんかではない。それどころか政治的行動の非合理性をいっそう増幅する装置となりうる。いつなんどきそうなるか知れないのである。民衆が侵略と軍国主義に歓呼の声を上げたから日本は破滅への道を転げ落ちたのではない。軍部そのものが非合理的な決定をしたのである。民衆はそれに喝采を送ったに過ぎない。

林が見た絵図は別の意味でも悲観的だった。大衆は圧倒的に「コンフォルミスト」（コンフォミスト＝順応主義者）であり、しかも権力機構がいちじるしく巨大化している。そうしたらそもそも人間は自律的な政治的主体としてふるまうことが可能だろうか。「無人境のコスモポリタン」の中で、林はローマ帝国の支配下に置かれた民族の運命についてこう語っている。

「……ヘレニスティク＝ローマ時代の人々は、支配者たちを除けば、みな祖国を失った根こぎにされた人々だったのです。彼らはもはや自国の政治的社会的生活がその関心の中心であるような、またその伝統や世論のうちに彼らの日常生活をひたむきに進展させるような事態には在り得ず、政治はどこか遠い見知らぬ場所から出る得態の知れぬ指令で動員され、ただそれに黙従する以外に手はなく、自らの政治的社会的要求を政治に直接に反映させるなどは思いも及ばぬことになってしまっていたのです(6)」。

林達夫は別の場所でソ連圏に編入された東欧民族国家の悲劇を哀切の情を込めて描いている。古代ローマ帝国下の諸民族の運命を、現代における「二つのローマ帝国」の支配のもとにある世界の諸民族の姿と重ね合わせていたのである。かくして林にとって現代という時代は、あらゆる個人が巨大化した政治権力の末端につながれて、ことごとく「無抵抗主義者」とならなければ生きていくことのかなわぬ時代なのであった。巨大化した権力機構と順応主義の大衆、個人はどうあがいても「無抵抗主義者」となる以外にない。これが林の描いた二〇世紀の政治像であった。

註

(1) 『竹内好全集・第七巻』筑摩書房、一九八一年、一四四ページ。
(2) 『唐木順三全集・第三巻』筑摩書房、一九八一年、二七四〜二七五ページ。
(3) 『林達夫著作集・第五巻』平凡社、一九七一年、二七九ページ。
(4) 同右、二六〇ページ。
(5) 同右、二六九ページ。
(6) 同右、二四三ページ。

第三章　組織と人間

1　人間が組織をコントロールできない時代か？

文学者が活躍した時代

戦後、一九七〇年代まで、知識人は政治について活発に思索をめぐらした。その舞台が『世界』『中央公論』のような総合雑誌だったのはもちろんだが、文芸雑誌も大きな舞台だった。学者やジャーナリストが意見を発表したのはもちろんだが、この時期はむしろ文学者の発言のほうに生気があった。読者の胸に迫った。何より花があった。荒正人、平野謙、花田清輝、谷川雁、中野重治、加藤周一、吉本隆明、埴谷雄高、伊藤整、野間宏、大岡昇平、渡辺一夫などなど、実に多士済々だった。

文学者の戦争責任といったことも盛んに議論された。戦後七〇年以上も経ってみれば、文学者の戦争責任などせいぜい便乗の責任ではないか、責任の度合いこそ違えそれほど重い責任ではあるまいと思われるが、責任の軽重が問題だったのではない。すべての国民が、小国民といわれた子どももふくめて、強烈な思いをさまざまに胸にしていた。表面にはあらわれなくても、戦争責任論の根底には、国民のだれもがうすうす自覚していた自分自身の責任の追及があった。国民はたんに騙されたではすまないものがあることを感じていたのである。良きにつけ悪しきにつけ、その思いを文学者が代弁した。

衡平を欠いた戦争責任論

文学者の戦争責任といえば、吉本隆明と武井昭夫の共著を思い起こす人が多いだろう。一九五六年に刊行された『文学者の戦争責任』（淡路書房）である。この本でふたりはプロレタリア文学者の戦争責任を追及しているが、実際には、長い戦争の間少年だったものとして、大人の責任を問うているといっていい。吉本は一九二四年生まれ、武井は一九二七年生まれである。戦時中、反戦思想があるなどということを想像もできなかった。吉本は軍国少年で詩人の高村光太郎に傾倒していた。戦意高揚の詩を多く書いた高村であり、その詩に熱中していた吉本少年であった。

戦後、高村光太郎は『暗愚小伝』を書き、自己の戦争責任を自問している。なかなか立派な態度だった。しかし当時は反省が足りない、責任の自覚が乏しいとさかんに批判されたものだった。戦意高揚のために言論人の先頭に立ったのだからやむを得ないことだった。

高村のような立場にいた人物をどう処遇するかは難しい問題である。もしも革命政権が樹立されていたら、あれだけ戦争詩を書いたのだから高村は処刑された可能性もある。しかしA級戦犯がのちに総理大臣になるような国で、高村に蟄居閉門自害を要求するのは穏当ではない。いずれにしても文学者の戦争責任が問われていたときに、吉本と武井は、いちばんやかましく叫んでいる当の文学者たち自身が、戦時中、戦意高揚詩を書いていたではないかと批判したのである。そういう輩も高村と同罪ではないか、と。当時は吉本と武井に得心のいく反論ができたものはひとりもいなかった。当然であろう。しかしいまになってみると、聖戦の大義を確信していた吉本自身が本当に潔白だったとは見えない。吉本自身、そのことを自覚していなかったとも思われない。吉本より年下の子どもたちも教科書に墨を塗らされたのである。もう一度いうが、小国民といわれた子どもたちの胸にも強烈な思いがあったのである。

機械文明のもとの組織と人間

一九四五年から一九七〇年代までといえば、三五年間にもなるから、政治思想の主題はもちろん一色ではない。おおざっぱにいって、東西冷戦が激化した一九四七年から一九五六年のスターリン批判までの時期は、巨大化した権力と無力な個人との対比が政治思想の基調をなしていた。世界がアメリカを盟主とする西側とソ連を盟主とする東側に分かれて睨み合い、いまにも第三次世界大戦が起ころうとする緊迫した国際情勢になっていた。東西冷戦のもとで、多くの国が米ソどちらかの陣営に属した。すなわち一国の運命をその国の指導者が決めることができなくなったのである。一九五一年、日本は講和条約締結と同時に西側に組み込まれた。日米安全保障条約が結ばれたのである。

他方で、機械文明が発達して、人びとの大量動員が可能になり、プロパガンダや情報操作により人びとの心を操ることが可能になった。そのような状況を前に、渡辺一夫はポール・ヴァレリーのことばを引いて、機械文明の巨大化によって人間がことごとく「整然たる蟻の群」と化してしまう社会の到来を危惧していた。丸山眞男は敗戦の翌年に、現代政治の危機をイデオロギー化、組織化、機械化に見ていた。いかなる政治権力といえども、政治権力は必ず人間の内面に立ち入り、「価値の多元性を平板化し是に強制的な編成を押しつける危険性」を伴うものである。そして「われわれは古典的な近代国家におけるように私的内面的なものと公的外部的なものとを画然と分離しうる時代には既に生きていない」のである。かくして「権力による人間の科学的組織化が極点に達し、人間自身が完全に機械化された社会の部品となるような世界」がもたらされる危険がある、と丸山は論じた。(1)

権力の強大化をもたらしたのは何か。文学者の伊藤整は「組織のみが……真の生命としてこの世に生きている……」(2)と書いている。巨大化した組織の前で個人は無力な存在と化しているというわけである。組織が巨大化すると、組織に所属する人間にも手に負えなくなる危険さえある。まして組織の外にいる個人になすすべがあろうか。組織化が権力の肥大化をもたらし、それを統制することが困難になったと見られた。それは衆目のほとんど一致するところだった。

巨大組織は官僚制化をまぬかれない。そして組織が巨大化すると個人の力では容易に制御できなくなる。「寡頭制の鉄則」（ロベルト・ミヒェルス）ということがいわれ、どんな大きな組織でもその意志決定をつかさどるのはいつも少数の人間だといわれた。ましてや組織の中堅メンバーが自立した判断能力を持たなければなおのこと巨大組織の運営は難しくなる。国家権力を握る組織が暴走すると、それを押しとどめることがいかに困難か。日本人は痛烈に思い知らされた。暴走する軍部が国家権力を牛耳り、勝つ見込みがない戦争を始め、ついには国民に多大の犠牲を呼び込んだのである。

そこで戦後の人びとは組織と人間という問題を二〇年以上にわたって繰り返し問題にすることになった。日本人にとって組織は人間の非合理性をとめどなく増幅しかねない危険な機構だった。問題はもうひとつある。組織は現代の産物である。その現代の機構を前近代的な心性の持ち主が動かそうとしたらどうなるか。石田雄の『現代組織論――その政治的考察』（岩波書店、一九六一年）はそういう問題意識で書かれた研究であった。

2　アメリカと日本――勝者と敗者の認識の違い

日本人がアメリカの組織論を学んで何になるのか

日本人の戦争体験を無視して、一般に組織そのものに非合理性を増幅する性格があると主張したらたちまち多くの反論を浴びただろう。

一九五〇年代のアメリカの政治学や経営学を思い起こしてほしい。行政学者や経営学者はいかにして組織が合理的な意思決定をなし得るかを説明しようと努めていたし、いかに巨大なエネルギーを発揮し得るかということに注目をそそいでいた。

第二次世界大戦におけるアメリカの勝利は組織の勝利だったと述べたのはピーター・ドラッカーだった。ドラッカーは組織にはいくら個人が大勢あつまっても発揮できないような巨大な力があると述べた。組織がしっかりしていれば、戦場で軍団を指揮する将軍たちでさえ作戦の全体像を知る必要はなかった、自分の任務さえわかっていればよかった、それが組織の勝利を意味するのだとドラッカーは論じた。組織は合理的で強力なエネルギーを持つのだった。

太平洋の西と東で、何という違いだろうか。

アメリカの社会科学者たちは、組織と理性的な選択をなし得るエリートとを結びつけることに何の躊躇もなかった。いくらでもその例をあげることができる。ハーバート・サイモンやチェスター・バーナードらの経営学者は、個人が合理的な意思決定にたどりつくのは不可能でも、組織なら合理的な決定を見いだすことができるのだと論じた。必要な情報を組織だって収集すること、そのうえで多角的な検討を経て意思決定すること、そういうことは個人では到底できないことだというわけである。賢明なリーダーは組織を使いこなせなければならないのだ。

ヨゼフ・シュンペーターらは民主主義のかなめを選挙とし、選挙を市場モデルで論じた。消費者が生産技術の詳細を知る必要がないのと同じように有権者は政策の詳細について知る必要はない。しっかりした政策を立案するのは政党に所属する一部のエリートでいいと論じた。民主主義の現代理論といわれる。デビッド・トルーマンらの政治過程論は比較的新しい政治学の分野だったが、組織の自由な競合が民主的な均衡をもたらすであろうと考えた。

ジョン・デューイの議論を思い浮かべていただけばいいが、公衆やパブリックを論じるときも、人びとが多様な組織にかかわりを持つことが重要だと論じられた。人間はある教会に所属し、ある新聞を愛読し、ある会社に勤め、ある町に住み、ある学校を卒業し、あるボランティア活動をしている。そういうふうに人びとは数多くの団体に所属している。そのことで人びとは自分の意見を形成するときに知らず知らずのうちに多様な団体の意見をつき合わせている。というわけで、人びとの意見形成を支えているのは組織なのである。

太平洋の西側ではどうか。敗戦直後の日本人が組織は合理的な存在だなどと主張したら、それこそ現実からはなはだ遊離した意見だった。唐木にせよ林にせよ渡辺にせよ、彼らにとって組織は自由な個人の自発的結合によってつくられるものなどではなかった。ひとりひとりの個人の前に、すでに巨大化してしまった組織が立ちはだかっているのだ。そして組織は自己放棄と屈従を迫るのだった。その頂点にあったのが国家で、国家は国民に「忠君愛国」「滅私奉公」を強いたのである。

組織と個人

戦争責任とは国民に自己放棄と屈従を強いる組織の側に立っていたものが負う責任のことであった。しかしだれが強権組織の側にいて、だれがいなかったかということになると、たちまちその境界はあやふやになった。高村光太郎の立場は明確だった。しかしそれでも彼がどんな責任の取り方をしなければならないかということになると人びとの意見は分かれた。転向したプロレタリア作家が戦意高揚の文学を書いたケースはどうか。彼に他人の戦争責任を云々する資格があったとは思えない。吉本のような軍国少年はどうか。一点の曇りもなく清廉潔白だったわけではないだろう。国家という強大な組織の前に立たされた人間に戦争責任を問うのは一筋縄ではいかないのである。とはいえ戦争責任ではなく、組織と個人というかたちで線を引き直せば、見通しはいっきょに開けてくる。

軍国主義によって国を滅ぼされた日本の思想家が、組織に明るい期待を寄せたらそれこそおかしい。経営学者のピーター・ドラッカーは第二次世界大戦におけるアメリカの勝利を組織の勝利ととらえた。軍事力の勝利ではなかったというのである。戦勝国の立場から見たら、それ以上の総括は無用だっただろう。しかし日本人はその先に歩を進める必要があった。たしかに見方によっては敗戦国日本でも組織が勝利したのである。だが敵国に勝利したのではなく、自国民に勝利したのである。そして暴走したのである。組織はしばしば自閉症的な症状をきたす。外界をしっかりと見ることができなくなり、内部の論理で行動するようになる。

社会科学者より文学者のほうが信頼に足る存在だった

ここでわたしの学生時代の思い出を書いておきたい。三年生だったか、経営学と行政学の授業でチェスター・バーナードやハーバート・サイモンらの理論を聞いた。たまたまわたしは林達夫を読んでいた。そのためかバーナードやサイモンの理論がものすごく低俗に思えたものだった。ものごとの一面しかとらえられないのが社会科学というものかと、バカバカしく感じたのだった。行動科学を金科玉条のように奉じる学者を見ると冷や水を浴びせたくなる。そういう心情で答案を書いたから経営学の試験の成績はもちろん良くなかった。

だがわたしの感じ方は間違っていなかったと思う。われわれは国家主義が人びとの人生を踏みにじった国に生きているのである。ものを考える人間ならば、まず真っ先に、人間性の奥底にひそむおそろしい破壊と非合理性を、とことんまで剔抉しようとしなければならないはずだ。それなのに優秀と称する人たちはアメリカに渡って、真面目な顔で組織の科学を学ぼうとする。

社会科学などその程度のものか。社会科学者より文学者のほうがよほど信頼に足る存在だ、とわたしは考えていた。

二〇世紀における組織化の真相

それにしてもなぜ組織が人間のコントロールの及ばない巨大な自働機構のようにとらえられたのか。その理由を見つけることは難しくない。第一に戦前までのわが国の政治的経験の未熟さ、つまり臣民型の政治文化と巨大な国家機構が遂行した戦争の体験、第二にナチスや軍国主義の暴威、第三にふたつの民主主義の対立とそれによる苛烈なイデオロギー闘争とをあげることができる。政党にせよ軍部にせよ、組織は現代の政治がもたらした禍害の直接的な実行者なのであった。自働機構化と苛酷なイデオロギー的不寛容と、そのふたつを媒介するものは組織以外に何があったろうか。

ナチスと軍国主義と共産主義の強力な批判者であった竹山道雄は、イデオロギー的不寛容の中核として自働機構化した組織のイメージを思想の基軸にすえた代表的思想家であった。竹山によれば組織はそれ自体がエスプリ・ド・コール（団体精神）を持つものとして個人を巻き込んでいく。現代の個人は組織の力から逃れられなくなっている。竹山はそう考えた。一九四七年に書かれた文章には、現代史の「運命」を組織の勝利としてとらえた竹山の思想が明確に語られている。

「結局近代的な組織と力が支配のために運用されるかぎり、現代で自己の人間としての威厳を保障するためには、政治に参加してその勝利者となる他はない、ということになります。……それをしない者は、いつ自分の外的内的存在の一切が外力によって規定されることになるか分らないのです。そうして、この政治に参加しなくてはならぬ、集団の一分子となってその意志を自分の意志として闘って勝たねばならぬということは、すくなくとも私のような者にとっては、おそるべき運命です。現代の実際政治にあずかることは、個人としての自分を極小化すること、自己の判断を党派の判断の下におくこと、あるいは政治的人間としての自己のみを残すことです。私が自分の個体的存在に執着するかぎり、これもまた私にとっては屈従を強制する外的運命です」[3]。

ここでは自働機構化した組織が、そのまま組織の組織として巨大化した政治の自働機構へとまっすぐに結合されている。もう一度伊藤整のことばを思い出しておこう。「組織のみが……真の生命としてこの世に生きている……」。

3　革命組織の危険と頽廃

革命組織は例外なのか

戦勝国の人びとと違って、日本人の多くは政治の世界において組織が果たす役割に強い不信を抱いていた。知識人の発言はそれを反映していた。そういう大勢の中で共産党系のマルクス主義者だけは際だって異質だった。彼らにとって、鉄の規律をもって統制された組織、つまり前衛党が、政治の場における階級闘争の唯一最高の部隊だった。

するとだれもがなぜ共産党組織だけが自由を疎外しないのかという素朴な疑問を持つ。当然のことだろう。それに対して共産党系の知識人は、民主集中制があるから大丈夫だと答える。共産党は民主集中制によって統制されている。下からの活発な民主主義的な討論を積み重ね、いったんそれが党の方針として決定されたら、今度はすべての党員が党の方針に従う。それが民主集中制である。そういう原則によって運営されているから問題はない、そもそも巨大化した国家権力とたたかうためには鉄の規律が必要不可欠だというのである。

日本共産党が日本人の支持を得られなかった理由がそこにうかがわれる。共産党系の知識人の発言は多くの日本人の経験にまったく合致していなかった。なぜ共産党の組織だけが特別なのか。共産党組織は人類解放をめざし自己犠牲という昇華された道徳に裏打ちされた人びとの同志的結合体でなければならないと共産党系の知識人はとなえる。共産党だけは違うというわけである。いかにも胡散臭い。そんな保障などどこにもないではないか。

現実はどうかというと、一九五〇年代を通じて、日本共産党は大きく揺れ動いた。一九五〇年の日本共産党に対するコミンフォルム批判、それをめぐる党内分裂、翌五一年、民族解放民主革命をかかげた新綱領採択（武装闘争方針）、さらに五五年、極左冒険義の自己批判と同年六全協における新方針の発表、翌五六年、ソ連共産党のスターリン批判と揺れに揺れたのである。分派闘争が起こり多くの党員が除名された。

田中英光『地下室から』

田中英光の小説『地下室から』は、共産党も非合理な運命を党員に押しつける点では他の組織体とまったく違わないと訴えている。田中英光は一九四六年三月下旬に共産党に入党し、五月下旬には沼津地区委員長となって九・一五国鉄闘争を指導した。そしてそのときに深い失望と挫折感を味わった。その後一一月上旬に地区委員長を辞任して創作活動に専念、翌年三月下旬に離党している。この間の経験を描いたのが『地下室から』であった。

田中はあるとき党主催の講演会を覗き感動する。そしてその場で入党を決意する。田中が入党を決心したのは、大衆のために自己を犠牲にすることが崇高な使命と感じられたからだった。のちに田中はそれを「清教徒じみた考え」だったと自己批判している。入党した田中は党活動に従事する中で、じょじょに考えが変わっていく。彼が身の回りに見た共産党員たちはけっして崇高な犠牲的精神の持ち主ばかりではなかった。中には党を「一種の義賊」と考え「人民の党を強くするため、不正利得者から儲けを吐き出させるのは正しいことだ」と信じて大口の寄付金集めや大口の摘発に狂奔するものがあれば、恐喝まがいの行為をはたらく党員もあり、はてはそれにひきつけられてひともうけしようともくろむ者（いわゆる一旗組）がどんどん入党することもあった。共産党は一種の義賊であり「暴力でもなんでも、いまのブルジョア政府をぶっつぶして、人民政府をおし立てればいいので、そのほか党員の素行がどうであるとか、前身がどうであるとかいうことは、すべて問題にするに足らん」という考えのものもあった。「人民のため」という大義名分を隠れみのにして、放埒無頼な私益追求が横行しているのであった。「こうして私は民衆のあいだに飛び込んだつもりでいて、前よりもいっそう深い孤独感と、人間嫌悪の気持にとりつかれていった」と田中は書いている(4)。

田中は九・一五闘争が一応解決したあとで、祝賀演説に立たされた。そのとき彼は疲労と興奮で感無量となって男泣きに泣きだした。ところが、目の前にいる組合員たちはシラケた様子だった。田中はそれをみて愕然とした。「彼らはめいめいがめいめいの立場で、自分たちの生を楽しんだり、苦しんだりして、死んでゆくのだ。そのめいめいの立場の幸不幸が、いくら共産主義社会を作り上げても、ちょっとたりとも変るものではないと、私には信じられた」。

政治に対する絶望

彼は政治運動の無力さを痛切に感じた。九・一五スト闘争の過程で党がなし得たことは結局ビラ貼りとアジ演説だけだったと思い、「民衆の下からの盛り上がりを高め指導すること」に対していかに党が無力であるかを痛感した。「直接ストに関係のない一般市民となると、ストを戦争と同様、ただ自分たちに迷惑をかける天災のようなものと考えて、なるべく自分たちに災害を及ぼさぬうちに終ってくれればという無関心な態度であった」。

いくら高い理想をかかげていても、組織の実態も理想的とは限らない。政治は人の心を「ちょっとたりとも」変えることはできないのではないのではないか。そういう痛切な疑念が田中の心裡に宿った。そう考えたとき政治に対する考えが一八〇度変わった。「そのときの私は、むしろ自己満足や自我の充実の方に美しい理想を感じだしたのである。自己犠牲や個人的感情を殺すことは、自分の生活を目茶苦茶にしてしまうため、かえって悪徳のように思われてならなかった」。「私は百万人の幸福のためにも、自分を犠牲にするのが堪らなくいやだし、将来の人類のために、現在の人間たちを惨死させることが、正義だとは、とても信じられない。それゆえに私は、そうした考え方を、政治的正義だと叫んでいる人たちに、地下室から抗議したいのである(5)」。

4　花田清輝が語った政治と人間

花田清輝と谷川雁

田中英光はナイーブだった。かれの理想は現実にぶつかって砕け散った。政治における理想と現実のせめぎ合いは一筋縄ではいかない。政治は妥協の芸術といわれるが、妥協とは政敵との妥協だけを意味するのではない。そこには現実と理想との妥協が絡まっているのだ。政治における理想はひとつだけではないから、理想と理想がぶつかり合う。対立は情け容赦ない殺し合いになることもある。どれかひとつの理想が勝利したときには、近世ヨーロッパの宗教政治のように異端派の徹底的な弾圧がおこなわれることも少なくない。かように理想と現実の関係は複雑怪奇である。その複雑怪奇な関係を仕分けして示すのは政治思想に期待される役割のひとつだろう。唐木順三のように「特殊」が自己を魔術化するなどとつぶやいてみても、それだけだと政治の世界を改善することはできない。

戦後の政治家には国民に理想と現実の一筋縄でいかない関係をじっくり論じてみせる余裕などなかった。もともと日本の政治家にそういう器量のある人物がほとんどいなかったこともある。そういうこともあって、その仕事は文学者たちが受け持つことになった。実際、一九六〇年代中ごろにかけて、花田清輝、谷川雁、埴谷雄高、吉本隆明、加藤周一、福田恆存などなど、数多くの文学者が論戦に参加した。それは戦後文学史の中でも見応えのある場面だったし、近代の政治思想史の中でも他に例のない光景だった。

わたしがここで取り上げたいのは花田清輝と谷川雁である。ふたりとも一時共産党の運動に身を投じ、組織の問題と格闘し、やがて党から離れることになる。

花田清輝のレトリック——訓練されたイヌ

花田清輝は変幻自在なレトリックを駆使してまるでダンスでも踊るかのように論戦を楽しんだ。踊るようにというのはどんなテーマをどう論じても、隠れた意味は軽やかに明るく共産党を支持したという意味である。花田はアヴァンギャルド芸術を提唱し、一九五六年に荒、埴谷、大井広介らとモラリスト論争を展開した。いかにもアヴァンギャルドな評論家だった。

たとえば花田清輝と林達夫はまるで陽画と陰画のようである。花田は民衆と組織の関係について林とはまるで正反対の議論を展開した。花田は「日本における知識人の役割」（一九五六年）の中で、日本の労働者階級が、「近代」の域に達していないこと、というよりもむしろ正確には林のいうような「巨大獣」であることを認めていた。「なるほど…日本のプロレタリアートは、依然として、庶民の域を遠く脱していないかもしれない。いや、きわめて原始的な常民の要素さえ、みずからのうちに残しているかもしれない」(6)いと花田はいう。しかしそんなことはなにも問題ではないと花田は主張した。問題は、そのような労働者階級の「自然発生的＝本能的欲求」を組織化することなのであって、彼らの内部に階級意識が育つのを気長に待ったり、または階級意識が育つように取り組むことではない。「自然発生的＝本能的欲求」こそ政治を動かす現実の力である。しかしそれはそのままでは力にならない。組織化されることによってはじめて力になるものなのである。そこで花田は、「オオカミはぜったいに訓練されたイヌにはかなわ」ないと軽やかに言い放つ。花田のこのことばは、レーニンが『国家と革命』の中で語っている次のことばと同じ系列に属するものである。「いや、われわれは、いまのままの人間、すなわち服従なしには、統制なしには、『監督と簿記係』なしにはやっていけない人間でもって社会主義革命をやることを望んでいる」(7)。

代行主義

訓練されたイヌとは身もふたもない表現だが、これはいうまでもなく林達夫のとらえたコンフォミストとしての大衆をそのまま組織化したものにほかならない。大衆は何ひとつ変わる必要はない。政治運動の目標は権力奪取である。大衆がコンフォミストであるのなら、革命組織はそのような大衆をそのままに組織して「訓練されたイヌ」にきたえ上げればよい。それによって大衆のエネルギーは現実の力へと転じるのである。組織は「道徳や宗教の色眼鏡をかけず、現実の力関係をあるがままにとらえ、そこから独自の戦略戦術をひきだ」すことが必要である。政治運動は人間性の変革など考えることはない、というのが花田の考えであった。

花田のいうことはわかったようでわからない。論理の筋道を追うよりも、現実に花田のいう通りに行動したらどうなるかと想像してみるほうがよさそうである。花田のいうような政治組織が権力を奪取したら、はたして本当にプロレタリアートの解放をもたらすだろうか。それとも相変わらず「無抵抗主義者」としての民衆をあわれな運命に置くのであろうか。答えは明らかに思われる。花田のいうような組織に入ったら利用されるだけだ。個人の尊厳など鼻にもかけられないだろう。花田は「プロレタリアートおよびそれにつながる大衆の利害に役にたつものは『善』で、役にたたないものは『悪』だとおもっている」と語り「なにが役にたち、なにが役にたたないかをきめてくれるものは、道徳ではなく、科学にほかならない」と述べている。[8] いうまでもなく科学とはマルクス主義である。しかし、それならば科学を解釈するものはだれなのか。前衛党組織が独占的に解釈するのではないか。われわれがいちばん心配になるのはそこだが、花田にはそれに答えなければいけないという認識がなかった。何が民衆のためかは科学によって判断すればいい。科学による判断は党がおこなう。党の判断は書記局がおこなう。書記局の判断は書記長がおこなうということになるだろう。それを代行主義というが、花田には代行主義的な考えが色濃くつきまとっていた。

小市民的な幸福追求を無条件に肯定

それだけだったら花田の思想には人を惹きつける魅力はない。ところが花田の文章は読者を惹きつける。花田の思想が光彩を放つのは、政治的領域と非政治的領域をはっきりと区別しているからである。つまり党員にも政治運動家にも私的生活はあるのだとして、自己犠牲的な政治的実践を良いこととは考えていなかったことである。花田はストイックな政治運動は失敗すると考えていた。「(運動の）ストイシズムが、運動そのものを困難なものにした嫌いもないではない。ひとびとは、分別くさくなり、まるで修道院にでもはいるようなつもりで、運動に近づいていった[9]」。

人間は非政治的領域にさまざまな欲求を持っている。それを大切にしない政治はうまくいかない。非政治的領域の動きに従わなければ結局は破綻せざるを得ないのだと花田は確信していた。「大衆の本能的な動きを無視していたのでは、運動がひろがるはずがない」と花田がいうとき、「自然発生的＝本能的欲求」は非政治的領域にとどまりつづけるものであり、目的意識的な政治的信条には発展していかないのである。要するに、大衆を「訓練されたイヌ」に仕立て上げようとしたら、彼らがどんなことを大切にしているかといったことを尊重しなければならないということである。

花田は「同志愛の悲劇」の中で右のような考えをおもしろおかしく論じている。「わたしは、恋愛至上的な生き方を、無条件に肯定するものなのだ。したがって……愛情のない夫をすてるのはいいが、恋愛のために、同志を裏切るとはけしからんと、そういう生き方を条件づきでみとめるわけにはいかないのだ。同志を裏切らせるにいたった運動自体のほうに罪があるといえばいえないこともないようにおもわれる[10]」。

政治的実践に従うことが、とりわけ共産主義的人間になることが、「(自己の) 人間をあげて党にあずけ」て、禁欲的献身的な生活をおくることだという観念が圧倒的に支配していた時代に、花田には自己犠牲を聖化する観念がなかった。「不義はお家のタブーだとかなんとかいって、上からの命令で失恋させられたりするのでは、あまりにもミジめではないか」と花田は書いている。社会主義運動の活動家やシンパが、「プチブル性の清算」と称して小市民的なしあわせにこだわるようでは革命運動は指導できないと信じていたときに、花田清輝はあべこべに小市民的なしあわせの追求、つまり「自然発生的＝本能的欲求」を否定するような運動は必ず失敗すると考えていたのである。

5　谷川雁・革命的ロマン主義者

連帯を求めて孤立を恐れず

谷川雁の革命的ロマン主義は一時期ラジカルな学生たちの心をわしづかみにした。一九六八年の東大闘争のとき、安田講堂に立てこもった学生たちは壁に「連帯を求めて孤立を恐れず」と落書きした。それは谷川雁のことばだった。戦後民主主義時代の谷川雁と大正デモクラシー期の大杉栄は稀有な革命的ロマン主義者だった。

谷川雁は人間と人間が心を通い合わせる深いつながりが人間の社会性の根本だと考えていた。そのつながりを共同体的結合と呼ぶとすれば、共同体的結合には近代も封建もない、知識人も民衆もない。知識人は農村の遅れを指摘し、家父長制の強さや人権感覚のなさを批判するが、そんなことは上っ面のことだ。人間の社会性には近代も封建時代もないのだと考えていた。

谷川は「たとえば百姓一揆というものがあります。……たいていの本では農民が絶望に駆られて衝動的に立ちあがったとでも解釈するほかはない記述にみちています。……歴史家たちはまるで彼等が世界観などには縁のない首なし動物であるかのように扱うのです[11]」と書いている。首なし動物としての民衆、これは林達夫のいう「巨大獣」としての民衆であり、花田清輝のいう「訓練されたイヌ」の供結源としての民衆である。民衆はそんな存在ではない、と谷川はいう。民衆はいかなる時代でも、共同体をつくって生きている。共同体の中において、いわば「政治的動物」としてポリス的政治生活を営んでいるものだ。民衆にはちゃんとした意思がある。仲間と助け合ったり協力し合ったりして生きている。そういう民衆をあたかも無知蒙昧で意思がないものであるかのようにとらえるのは間違っている、というわけである。

前近代も封建もない、いついかなるときでも民衆は自律的な共同社会をつくっている。と谷川は主張するわけであるが、そうなると前近代性の克服だの自立した主体性の確立だのといったテーマには根拠がないことになる。それはいくらなんでも現実離れしていないか、と反論したくなるところだが、谷川の文章はどうしてなかなか読ませるのである。

革命組織は大衆が自律的に創造する共同体でなければならない

谷川によれば、共同体は本質的に「民衆の連帯感とその組織」の表現である。それゆえ「大衆の共同体的思考の本質は決して単純に家父長制そのものの機械的な反映ではなく、いわば家父長制の表現をとった横の連帯感の潜在という事実にある」[12]。ところが資本主義社会においては、大衆は労働者階級としてこのような共同体的政治生活から疎外されている。そして断つべき鎖のほかは何ものも所有しない人間として産業組織の中につながれている、と谷川はいう。つまり谷川によれば、プロレタリアートは資本家によって、共同体的生活を奪われているのである。昔の習慣に縛られた家父長制の中にも民衆の横の連帯はひそんでいる。資本主義社会になると、そういう連帯さえズタズタに引き裂かれてしまうのだというわけである。谷川の反資本主義思想には、ドストエフスキーのようなロシアのスラブ派知識人の言説を思わせる響きさえある。

けれども、と谷川は書いている。人間は根源的に共同体的政治生活への希求を「人間精神のもっとも微小な単位としての無償の共有欲」として持っている。それゆえ革命の必然性は大衆を資本主義的産業組織の鉄鎖から解放して新しい共同体の形成に向かわせるところに基礎づけられなければならない。したがってまた革命組織は、当然に大衆が自律的に創造する共同体でもなければならない、と谷川はいう。

革命組織は大衆が自律的に創造する共同体でなければならないとは、これはまた実に美しい表現ではある。何という美しいことばだろう。しかし所詮夢想に過ぎないのではあるまいか。思い描くことはできても、実現することは不可能ではないか。読者がそういう疑問を抱くのは当然だろう。それを予期して谷川は「組織人の非組織性と非組織人の組織性との葛藤」といったことば使いでロマン主義的に前進しようとする。すなわち組織されていない農民の共同体的生活の中に新しい組織の根幹となるべき強固な紐帯があるではないかといい、資本主義的な産業組織、労働組合、そして前衛党組織には、そういう共同体的紐帯が欠落しているではないかというのである。こういう共同体的結合を取り戻すことこそ、革命の究極の目的でなくて何であろうか。

谷川は一九五八年、森崎和江といっしょに福岡県中間市に移住し、上野英信、森崎和江、石牟礼道子らと雑誌「サークル村」を創刊し（一九六一年、休刊）、炭鉱労働者の中に入って活動した。評論集『工作者宣言』（一九五九年）で「大衆に向かっては断乎たる知識人であり、知識人に対しては鋭い大衆である」という工作者の思想をとなえた。一九六〇年、共産党を離党。

革命的ロマン主義——現実を歪めてとらえることの美しさ

谷川が政治ということばを使うとき、縦の権力関係ではなく横の連帯関係を意味していることが多い。これまで、われわれは政治が主として権力的な支配＝服従関係によって基礎づけられたのを見てきた。戦後の政治認識の特徴は、その意味では、政治生活を個の全体への帰属としてとらえる観念から脱却し、全体と個との支配＝服従関係としてとらえるところにあった。そして政治を権力関係としてとらえて異彩を放ったのが埴谷雄高だった。彼のいう無階級社会は、何よりもまず権力なき社会、したがって政治なき社会なのである。

これに対して谷川がめざした無階級社会は、政治の本性を復活した社会だった。埴谷と同じく権力なき社会ではあっても、横の連帯としての政治があらゆる人間の関係をいきいきとかがやかせる社会だった。谷川はサークル村の活動のモチーフについて「政治の表層とできるだけ無縁に自分を保つことによって、政治の深層部分に関ろうとする」という姿勢をかかげているが、それは要するに政府とか権力闘争とかいう「政治」の世界ではなく、政治と無縁の日常の人間関係にこそ本当の「政治」が存在するのだという意味である。谷川が革命的ロマン主義者だったゆえんである。

人間を「ゾーン・ポリティコン（ポリス的動物）」と呼んだのは古代ギリシアの哲学者アリストテレスだった。アリストテレスはポリス（政治社会）の中にいてこそ人間は人間たり得るのだと考えた。そういう面から見ると、谷川雁はアリストテレスと同様の立場に立っているといえる。政治は「価値の権威的配分システム」（デビッド・イーストン）なんかではない。政治は人間を人間たらしめる社会的結合そのものであり、人間の社会的結合としての政治体（ポリティ）なしで人間らしい生き方を獲得することはできないのである。

ロマン主義者は往々にして現実を歪めてとらえる。歪んでいるのだが、その歪みは美しい幻想に包まれている。だから人びとの心をとらえるのである。谷川が民衆を首なし動物と見るような民衆観を批判するとき、民衆はいつの時代にもしっかりした自治の主人公なのだとする立場からの抗議が込められている。林達夫が民衆を「巨大獣」というのは、政治権力が民衆に対してまるで獣使いのようにふるまっていることに対する抗議を込めてのことである。どちらが現実をとらえているかはいうまでもない。

ロマン主義者は人の心をとらえる。しかし同時に身近な人を傷つける。大杉栄は自由恋愛を実践して神近市子の怒りを買った。神近は大杉と伊藤野枝の密会現場に踏み込み大杉を刺して重傷を負わせた（日陰茶屋事件）。大杉は傷つけた相手に傷つけられたのである。谷川雁は組織を共同体的結合に染め上げようとして犯罪容疑者をかばいだてして森崎和江の不信を買った。集会で専業主婦を売春婦呼ばわりしたこともある。大杉も谷川もロマン主義の中に不貞や女性蔑視をひそませていた。ふたりともそこに背理があるとは自覚していなかったようである。

註

(1) 以上の三つの引用は丸山眞男『増補版・現代政治の思想と行動』未来社、一九六四年、三七三～三七四ページ。
(2) 『伊藤整全集・第一七巻』新潮社、一九七三年、一三七ページ。
(3) 『竹山道雄著作集・第四巻』福武書店、一九八三年、二一一～二一二ページ。
(4) 『田中英光全集・第五巻』芳賀書店、一九六四年、二三七ページ。
(5) 同右、二九三ページ。
(6) 『花田清輝全集・第六巻』講談社、一九七八年、二九ページ。
(7) レーニン『国家と革命』全集刊行委員会訳、大月書店国民文庫、六五ページ。
(8) 花田、前掲書、四四ページ。
(9) 花田、同右、一七八ページ。
(10) 花田、同右、一七七ページ。
(11) 『谷川雁セレクションI　工作者の論理と背理』日本経済評論社、二〇〇九年、一二九～一三〇ページ。
(12) 同右、三〇四～三〇五ページ。

第四章

政治の根源に向かう問い

1　政治とは何か

概念に寄りかからずにつきつめる

日本の政治思想は戦後になってはじめて個人と社会との根源的な関係を問うようになった。要するに個人と社会はどういう関係にあるのかということなのだが、ここで根源的なといった意味は、基本的人権だの法の支配だのといった次元や階級だの身分だのといった次元より、もうひとつ深い次元の問いかけに向かったということである。法はいわば約束事に過ぎない。階級も概念に過ぎない。そのもうひとつ根源にある人間存在に目を向けたとき、政治とは何か、というわけである。

時間枠を明治はじめまで広げて個人と社会の関係をつきつめて考えた例はあるかと見渡しても、真っ向から政治を見すえて考えたものはほとんどない。思い浮かぶのは森鷗外の「かのやうに」くらいである。鷗外はこの短編小説の中で国史の研究者である主人公に決意させている。政府は国の起源を神話に求めているが、神話なんかつくりものだ、虚偽だ、しかし自分はそれがあたかも真実であるかのようにふるまうことにしよう、と。このように要約してしまうと、鷗外の思考の道筋が伝わらなくてまずいのだが、政治が個人にどのような生き方を強いるかということが真っ正面から問われている。そしてその問いは人間存在そのものに対する問いにつながっているのである。人間が生きることに意味なんかあるのか、というふうにつながっているのである。

森鷗外の「かのやうに」

こういうことを書くと、西田幾多郎がいるではないか、三木清がいるではないかと反論されそうである。だが西田や三木は、純粋経験だの場の論理だの（西田幾多郎）、基礎経験（三木清）だのという概念に寄りかかって思索を深めている。鷗外からすれば、そんなのはただの概念ではないか、純粋経験なるものが実在するかのように、基礎経験なるものが実在するかのように、言いなしているだけではないか、ということになるだろう。

生きることに意味はあるかという問いは、死んだらどうなるのかという問いとつながっている。おいそれと答えられる問いではないから、ほとんどの人はそれをカッコでくくって生きている。その問いを棚上げしているから、社会秩序を組み立てるときには安んじて基本的人権とか憲法とかを持ち出すことができるのである。つまり「かのやうに」行動しているわけである。そして戦前ならば、基本的人権や憲法ではなく、その代わりに国体とか天皇とかを持ち出したわけである。

鷗外はとことんつきつめて考えたように見えるが、そうでもない。歴史や法律はつくりごとだというアイデアに、一度でも遭遇した人は鷗外の時代でも少なくなかっただろう。そうして自分は、それが真実だと信じているふりをしているだけだと思っている人も少なくなかっただろう。そういうことを考えると鷗外が考えた内容よりも、鷗外が帝国の官僚として出世をとげたという生き方のほうを注目したくなってしまう。「かのやうに」とは、たんなる自己正当化であり、自己顕示ではないか、と。

2　福田恆存——人は日々欲望を殺して生きている

ホッブスの自己保存やルソーの憐憫の情にあたるもの

戦後に個人と政治の問題に分け入った人たちにくらべると、鷗外はだいぶ呑気である。個人にとって政治とは何であるか。それは次のように言い換えてもいいだろう。人間は社会の中で「かのやうに」生きることを決してまぬがれない。それならば「かのやうに」生きるとはどういうことか。鷗外の思考はそのところで停止しているが、そこから問いを立てるのである。

それをつきつめて考えようとすると、どうしても社会契約説的な論理構造に向かってしまうだろう。ホッブスのように「自己保存の本能」に動かされて社会契約を結ぶのだと主張するか、ルソーのように「憐憫の情」に心が動かされるとき人は社会をつくるのだというかはともかく、「自己保存の本能」も「憐憫の情」も、考えてみれば約束ごとに過ぎない。「かのやうに」である。しかし何らかの約束ごとの助けを借りなければ、人と社会の関係を明らかにする入り口は見つからないだろう。そう考えると、鷗外の「かのやうに」はたしかに呑気なのである。のっぴきならないところまで徹底的に追い詰めてもいないし、考えてもいない。国史の神話が本当に起こったことかどうか、などといった次元の問題ではないからである。

人間は何をしても良い？

さて、こういう地点から出発した代表的な思想家として、わたしは一九四〇年代後半の福田恆存と一九五〇年代後半の吉本隆明をあげたい。ふたりとも、ホッブス的な、あるいはルソー的な自然状態を思い浮かべてそこから考察を組み立てた。ただしふたりの議論を見ると、人びとは何らかのきっかけで自然状態から社会状態へ移行するという議論ではない。自然状態はいわば現実の社会の背後にそれと表裏をなして潜在させられていた。

どういう思考かというと、次のような思考である。ふつうの人は道徳だの正義だの秩序だのというけれど、人間はそういうものじゃない。とことんつきつめてみろ。人間は……、といった思考である。そういう意味で人間は自然状態から社会状態へ移行するのではない。自然状態に立ち返ったら、みんなが大義のようにふりかざしていることなどたんなる擬制だということが明々白々としているではないかというわけである。

こんなことをいってもわたしの真意は理解されないと思うので、福田恆存を取り上げて考えてみたいと思う。福田恆存は、個人と社会との関係についてまず次のような点から考察している。福田のことばを引用してみよう。

「もし集団生活といふものが個体の生命欲と死の恐怖とに環元され、歴史も文明も科学もこのやうな自然的、動物的なリビドーの活動に翻訳しうるならば——ただそれだけのことならば、ぼくたちはなにをしてもいゝし、なにをしなくてもいいのだ。かならずしも集団生活を維持するために他人と妥協し規範に屈従する必要はない[1]」。

ここに描かれているのは、自己の意志によって社会契約を結ぶ以前の人間である。しかも彼はすでに社会関係の中にある。社会契約なんか結んだ覚えはないのに、あたかも結んだという前提で扱われている人間である。もっとわかりやすくいえば、自分は日本国の法律に従うとか道徳を守るとか、約束した覚えはない。しかし日本国民とされ法と道徳に従うべきとされている。それはおかしいではないか、というわけである。そして、と福田はつづける。もし社会が、個人の「自然的な、物質的な、あるひは個体的な欲望の充足」のためにあるのならば、そしてその目的以外に社会の存在理由がないのならば、「個体の欲望充足のために社会の規範や集団の約束を破壊する行為に対して、ぼくたちはいかなる裁きの根拠をも見いだすことができぬのである[2]」。

人間は日々欲望を殺して生きている

このことばは、ホッブスが自然状態を構想するときに、個人を「道徳的に無記」なものと想定したことを思い起こさせる。同じように福田恆存が考えている人間は、社会がつくった規則や法律に自分が従わなければならないいわれはないと、いつ開き直るか知れない人間なのである。彼は社会状態の中にあって、しかも道徳的にタブラ・ラサ（白紙）なのである。

ホッブスの場合、自然状態にある人びとはあるとき突然理性の光に導かれて、ひとりの主権者に自己の自然権を委譲する社会契約を結ぶことになる。では福田の人間はどうか。福田の人間は道徳を信じていないとしても、合理主義的に利害得失を計算する理性的能力を持った人間である。だから道徳的な規範などなくても、「自然的、物質的、肉体的な個体の生活原理」によって社会の規則を守って生きることができるのである。

ここから先が、福田恆存の思想の、非常に独特な、不思議な、というかねじ曲がった、ほとんど異常なといいたいところである。自然な個体の生活原理に従って生きていけるのなら、何も問題はないではないかと、わたしなどは思う。道徳など信じなくても秩序は保たれるのである。何もわざわざ「ぼくたちはなにをしてもいゝし、なにをしなくてもいいのだ」などと極端なことを持ち出して読者を怖がらせる必要はない。歴史も文明も科学も自然的、動物的なリビドーの活動に翻訳できたとして何が悪いのだろうか。ところが福田は、まさしくそこが問題だというのである。

どうしてかというと、福田によれば、「なにをしてもいゝし、なにをしなくてもいい」というような生活は人間にとって耐えがたいものである。なぜならば、彼は「日々の欲望を締め殺し、最後には数々の無念を呑みこんだまま死んでいかねばならぬ……」からである。福田はそのように断言する。この点が福田のいいたいところである。だが、これはいくら何でもねじ曲がっているとしかいいようがない考えなのではあるまいか。

プラグマティスト田中王堂との対比

なるほど人間の欲望には切りがないだろう。だからだれだって日々の欲望を押し殺して生きている。当たり前のことである。しかしだからといって無念の思いをかかえて死んでいくというのはあまりにも大袈裟である。欲望には切りがない。だから人間は自分の欲望に優先順位をつけ、満足させられそうなものを選んで、それを追求しつつ生きている。それが人間の理性とはいうも愚かな、だれにも備わっている分別である。

プラグマティストの哲学者、田中王堂が、以上のような趣旨のことを書いたのは一九二〇年ごろのことだった。プラグマティストならずとも、人間に大小の欲望があるのは当たり前のことと、だれだって考える。そして欲望をすべて満足させたいなどと、馬鹿げたことは考えずに生きている。それを大袈裟に、最期には恨みを飲んで死んで行かねばならないなどと見得を切るのは、実に不自然である。

ひるがえって見直してみると、そもそも欲望を充足させようとするとき人間は無道徳になると論じたことが飛躍である。欲望を無理やり抑えるのが道徳だとしたら、それはずいぶん窮屈な道徳である。個人の「自然的な、物質的な、あるひは個体的な欲望の充足」というだけなら、わたしたちはホッブスでなく坂口安吾を連想するだろう。坂口安吾の場合、人びとはいくら欲望の充足にのめり込んでも自分が社会の中にあることにいっこうに不都合は感じなかった。それでいいのではないだろうか。

福田恆存が大袈裟な見得を切るのは、読者を連れて行きたいところがあるからである。福田はいう。無念の思いをかかえて死んでいかなければならない運命を避けようとすれば、「人類は個体の本質と欲望とを否定する原理」を何とかして見つけ出さなければならない。それによって人間は自己の無限の本能的欲求を抑圧しつつも、人生の意味を与えられるのだ、と。

ではそれは何によって得られるか。福田は次のように答える。「多くのひとびとは社会といふ観念がまさしくそれであるといふであろう。が、社会もまた――すくなくともぼくの眼には――自然的、物質的、肉体的な生活原理によって割りきれるものでしかない。ぼくたちは個人と社会とのほかに、個人と社会とを調和せしめうるなにものかを必要とするのである」[3]。何か超越的なもののことを言っているのかと思うが、そうではない。福田は「神の助力なくして理想人間像を樹立すること」と書いている。そしてそれは「強烈な自己欺瞞」であるといっている。「ひとびとはそれぞれ自分をなだめ、あやし、すかしながら生きてゐるのである。かれらは自分にいつて聴かせる――たとへ自分の欲望や夢がことごとに幻滅を味はされても、結局のところ人生の収支計算は赤字でしかないにしても、それにしてもなほ生きがひはあり、生きることの意味は存在しうるのだ、と。とすれば、自己欺瞞がいけないのではなく、強烈な自己欺瞞たりえぬ原理こそ疑はれねばならない[4]」。

強烈な自己欺瞞

福田は自己欺瞞としての理想人間像を持てと結論する。「それを所有することによつて、一個人も、一時代もみづからを目的そのものとなしうるのであるし、したがつて、社会と歴史とのそとに自己完成といふものを期待しうるのである」と福田は書いている。要するに宗教であろうがイデオロギーであろうが哲学であろうがかまわないが、自分が心から信じることのできる世界観を持てということである。

さんざん思わせぶりな仕草で読者を引っ張ってきて、たどり着いたのは「強烈な自己欺瞞」なのだから、いったいどういうことかと呆れる読者も少なくなかっただろうが、明らかに福田の念頭には戦中戦後の日本人の姿があった。福田が思い浮かべていたのは政治家や軍人や官僚が聖戦完遂を怒号した戦争中の記憶であり、戦後に階級だの社会主義革命だのを叫んで登場したマルクス主義者たちが跋扈しているありさまだったろう。さしずめ福田がいいたかったのは、軍国主義やマルクス主義などに惑わされるな、そのために自己をしっかり持て、激しい態度で自分の信念を守れ、ということだった。

戦争でも革命運動でも、人びとは自己犠牲と献身を求められた。戦中はさんざん「万邦無比の国体」「忠君愛国」「一死報国」の叫びを聞かされたかと思えば、戦後は「プチブル性の清算」や「民主集中制」を要求されている。そういう時代背景の中で、欲望には切りがないというのであるから、ことば通りには受けとめられない。欲望を追求することに、福田恆存は無意識のうしろめたさを感じているのだ。それと同時に人間は生きている以上欲望を追求するものだということを認めているのだ。そしてそのことのうしろめたさが、欲望には切りがないという誇張を生み出しているのだ。

それにしても、である。福田恆存のような接近方法は戦後になってはじめて登場したものである。国体とか民主主義という概念に寄りかからず、いわば徒手空拳で政治の中の人間を考える。福田は保守主義の論客であったから、竹山道雄のようにマルクス主義のイデオロギーそのものを問題にする方法もあったはずである。しかし福田はそうしなかった。「強烈な自己欺瞞」というだけなら、日本主義もマルクス主義も同列である。福田はあえてそういう立場に立って、自分の保守思想は「強烈な自己欺瞞」でありたいと叫んだ。福田のような方法は足かけ一五年におよぶ全体戦争の経験を刻印された人間にしてはじめて、具体的なかたちをなし得たのである。

3　吉本隆明の共同幻想論

関係の絶対性

福田恆存とよく似た方法で、政治と個人の問題を考えたのが吉本隆明だった。『共同幻想論』（一九六八年）はその結実のひとつといえる。『共同幻想論』は禁制論、憑人論から始まる一一章立てになっている。既存のどんな国家理論にも依拠せず、フロイトの精神分析学や柳田国男の民俗学の知見を活用した独創的な国家論で、読むたびにこんな国家論があるのかと感嘆させられる。感嘆させられると同時に、あまりにも自己韜晦《とうかい》が深いので呆れる。福田には吉本の『共同幻想論』に対応する著作はないが、個人の思想と行動に関する考察において吉本と福田はうりふたつである。このことについてはすぐあとで述べる。

いま福田恆存と吉本の方法は似ていると述べたが、福田にとっての社会は人間の本性を抑圧するものであるから潜在的に不安定である。一方、吉本にとっての社会はあべこべに人びとの意識を吸い上げて成り立っている。政治は人間の本性を疎外するのではなく、人間の本性が政治をつくっているのである。したがって社会は強固で安定している。国家はその上に成り立っている。ところが人間の本性にもとづいてつくられた社会が、というか国家が、どういうわけか人間を束縛し疎外するのである。

一九五四年から五五年にかけて発表された「マチウ書試論」の中で彼はその考えを「関係の絶対

性」ということばで表現したが、ずっとのちになって一般化したかたちで次のように書いている。「人間はもともと社会的人間なのではない。孤立した、自由に食べそして考えて生活している〈個人〉でありたかったにもかかわらず、不可避的に〈社会〉の共同性をつくりだしてしまったのである。そして、いったんつくりだされてしまった〈社会〉の共同性は、それをつくりだしたそれぞれの〈個人〉にとって、大なり小なり桎梏や矛盾や虚偽として作用するものとなったということができる」[5]。

このくだりはジャン＝ジャック・ルソーの「人間は自由なものとして生れている。しかも、いたるところで鉄鎖につながれている」ということばを連想させる。たしかに吉本は個人と社会の関係についてルソーと同様のとらえ方をしている。それは、人間はもともと自由な存在であるにもかかわらず、現実の社会関係は人間の自由な意志とは無関係に、人間を社会の中で疎外しているのだという観念である。

どんな思想も表現しなければ意味がない

さて個人の思想と行動に戻ろう。福田は「強烈な自己欺瞞」といったが、それに対応するのが吉本の「関係の絶対性」である。一九五四年に発表された「マチウ書試論」（原題「反逆の倫理――マチウ書試論」）では、吉本は「関係の絶対性」について次のように説明している。

「現代のキリスト教は、貧民と疎外者にたいし、われわれは諸君に同情をよせ、救済をこころざし、且つそれを実践している。われわれは諸君の味方であると称することは自由である。しかしかれらの意志にかかわらず、現実における関係の絶対性のなかで、かれらが秩序の擁護者であり、貧民と疎外者の敵に加担していることを、どうすることもできない。加担の意味は、関係の絶対性のなかで、人間の心情から自由に離れ、総体のメカニズムのなかに移されてしまう」。(6)

いま引用した「加担の意味は、関係の絶対性のなかで、人間の心情から自由に離れ、総体のメカニズムのなかに移されてしまう」という文章は、どんな思想や信仰やイデオロギーでも抱くことはできる。しかしそれを発信して人びとに訴えなければ何の力もない。内心で信じているだけなら、社会的には存在しないも同然だという意味である。直接的には原始キリスト教を「卑屈な忍従」として批判した文章であるが、それは言外に戦時中の抵抗運動を批判している。戦時中に反戦運動などなかった、戦後平和になってからのこのこあらわれて、自分は抵抗していたとか反戦活動をしていたなどと言いつのっても、何の手柄にもならないという主張につながっているのである。この文章は一九六〇年代後半になると学生たちの間で広く読まれ、いくら反対であっても声を出さなければ現状に加担しているのと同じだ、という意味で使われた。「関係の絶対性」ということばはラジカルな心情の学生たちの心をつかんだものだった。

それにしても、どんな思想でも行動にあらわさない限り存在しないのといっしょだというのは、これまた相当に極端な主張である。こういう議論が成り立つのは政治的な異議申し立ての場合だろう。政治的少数派についてなら、わからないではない。吉本は間接的な不同調や奴隷のことばによる反対を攻撃しているのではないだろう。まして同級生に対する恋心や職場の上司に対する不満までをも、念頭に置いているわけではあるまい。片思いを打ち明けなかったら、それは恋していないのと同じだなどといったら屁理屈である。

福田恆存と吉本隆明

もともと政治の概念には非常に多様な広がりがある。一方の極には、キリスト教の千年王国論のように、人びとが全体に統合されてひとつのまとまりとなり、友愛と正義によって結ばれた理想の国をつくるのだというコンミューン思想がある。そこでは政治は個人と社会を根源から変革する力を持つものとしてとらえられている。他方では、政治は経済に介入すべきではないといった表現があるように、政府の働きだけを狭く意味することもある。ここでは文化や慣習はもちろん道徳や思想信条も政治によってつくられたり壊されたりするのではない。前者のような政治概念を「包括的全体性」と呼び、後者を「外部的形式性」と呼ぶとすれば、政治の概念はこの二極の間にいろいろなかたちで広がっているのである。

福田や吉本は政治を「包括的全体性」の観点からとらえている。福田恆存は保守であり、吉本隆明は左翼だった。ふたりの政治的立場は違っていた。しかしふたりの思考様式はいろいろな点で対応している。福田は『人間この劇的なるもの』の中で「私たちが真に求めているのは自由ではない。私たちが欲するのは、事が起るべくして起っているということだ。なにをしてもよく、なんでもできる状態など、私たちは欲していない」と述べている。ものごとが起こる必然性を人間は精神の深層で求めているのだ、それは自由などという約束事とは次元が違うことだというわけである。一方、吉本隆明は「マチウ書試論」で「……神の口から出るすべてのことばによって生きるというのは、人間の現実的な条件とは別のところで、神の倫理を自立させ、ほとんど、人間の生きることとの意味を現実的なものの一切から隔離してしまうことにちがいなかった[7]」と書いた。ふたりとも、人間はものごとが必然的に起こることを求めているのであり、それが頭の中ではなく現実社会で実現するように行動するものだと考えているわけである。

ふたりともいっていることは相当にラジカルである。福田は人は欲望を押し殺して生きているといい、吉本はどんな思想を抱こうが実行に移さなければ無意味だという。そんな無理なことはいうなと、ひと言で切り捨ててしまってもかまわないかもしれない。いまならそれでいい。しかし一九五〇年代六〇年代には、福田や吉本のような発想には人を惹きつける強い力があった。戦中から戦後にかけて、ふたりの主張に照らされて浮かび上がるようなできごとがたくさんあったからである。

戦争体験から導かれた政治の包括的全体性

こういう視点はそれ以前にはなかったものであり、明らかに戦争体験に由来している。政府の政策、社会の動き、人間の心性など、あらゆる側面で戦時中の人びとは極限的な体験をした。軍人は勝ち目のない戦争に踏み出す決断をするときに、逡巡と恐怖がなかったとはいえないだろうし、満州事変以後、熱烈に軍の行動に歓呼の声を送った民衆も、一九四五年三月から本格的になった無差別爆撃で、半年もしない間に六〇万人もの人びとが殺害されることになろうとは想像していなかっただろう。戦場で兵士たちがどんな経験をしたかはいうまでもない。転向、革命運動、便乗、戦争協力、思想統制と弾圧などなど。聖戦の大義を信じ、学徒出陣で出征し、戦死した大勢の若者がいた。若者たちが戦死して一年も経つか経たないうちに、日本は無条件降伏し、しばらくしたら墨を塗って教科書の記述を消すことが全国の学校でおこなわれた。つい昨日までのことはすべて間違いだったといわれ、今度は革命を怒号する人びとが公然と姿をあらわした。こういう極限的な体験が日本人の政治についての認識をいっきょに変えたのである。そういう状況の中で、吉本のことばも福田のことばも異様な迫真性があった。

共同幻想論

『共同幻想論』は『言語にとって美とはなにか』などとともに、吉本の著作の中で最も重要な著作のひとつである。この本で吉本は国家の成り立ちを説明しようとした。国家は木や石のように目に見える存在ではない。人間の心の中に結ばれた約束ごとである。為替も教育も企業も学校も、みな目に見えない約束ごとである。校舎は目に見えるが学校はそこで働いたり学んだりする人の目に見えない動きである。企業も同様。要するに人間がつくる社会制度は約束事なのである。そして国家も人びとの心の中にある約束ごとにほかならない。以上が吉本の出発点である。

ではどうして人びとの心の中につくられた約束ごとが国家になるのか。それを解き明かそうとして、吉本は禁制、憑人、巫覡、巫女などの切り口をつくり、S・フロイトや柳田国男のことばを引き、さらに『古事記』の考証をおこないながら考察している。

非常に独創的で魅力的な考察なのだが、読者のだれもが感じるのは、国家の成り立ちが論じられているというより、人間の社会性そのものが論じられているという印象だろう。『遠野物語』を踏まえてそこから「共同幻想」を論じる前半部分の手際はいきいきとしている。しかし『古事記』を読み解きつつ国家の起源に迫ろうとする後半の考察はうまくいっていない。アマテラスとスサノオのきょうだい関係やヤマトタケルと父の景行天皇との親子関係をとらえて対幻想から共同幻想に逆立する様子がうかがわれると解釈し、そこに国家の誕生を見てとろうとしている。『古事記』の上に加えた文芸批評とでもいうべき内容になっている。

親子関係を政治の出発点にすえる――共同幻想と対幻想の逆立

『共同幻想論』は国家論を標榜しているのだが、そのところは不首尾に終わっているというほかない。実のところ吉本の国家論は難解に見えて実はいたって単純である。しかも立論の根拠は非常に薄弱なのである。それを理解する鍵は対幻想と共同幻想は逆立しているということばに隠されている。吉本が国家の起源と考えて焦点を当てているのは家族関係である。吉本がいっているのは、王位継承のことである。王位は親から子へ継承される。その限りでそれは対幻想の世界のできごとである。ところが継承されるのが王位であるとなると、それは民族全体の支配権の継承を意味することになる。そのときは共同幻想の世界に転移しているわけだ。もともと親密圏に属する親子関係は、このとき公共圏に移されて様相を一変する。それを根拠として吉本は対幻想は共同幻想に逆立するという。私的な家族の間のことがらが、すべて公的統治のことがらになる。すなわち逆立するのだというわけである。

しかし、そういうとらえ方では共同幻想の世界は狭過ぎる。それはとりもなおさず、神話や民間伝承の世界の狭さにほかならない。『古事記』によっていきなり太古の神話時代にさかのぼったのは思索を展開する素材としてはいたって不十分だった。それより、『続日本紀』によって律令国家における僧侶のおこないを見るほうが国家論としては成功しただろうと思われる。それよりもそもそも古代人の共同幻想を借りて国家論を組み立てようとするのは木によりて魚を求むの類いである。どうしても共同幻想ということばを使いたいのなら、人が企業をつくるときの共同幻想や徒党を組んで諍いを起こすときの共同幻想を扱わなければ説得力はない。時間を過去に過去にとさかのぼっても、得られるのはせいぜい天皇制の原像でしかない。

共同幻想論は想像力豊かだが、成功していない

いずれにしても『共同幻想論』は『芸術的抵抗と挫折』（一九五九年。「マチウ書試論」はこの中に収録されている）の延長に書かれたものであり、吉本隆明の政治思想が凝縮されている。国家は共同幻想の産物であるが、成立したとたんに対幻想から逆立して人間に対する桎梏となる。国家は人びとの社会性を吸い上げて生まれるのに、成立すると今度は人びとを束縛する。家族と国家、社会と疎外、吉本にとって政治とはその往還作用なのである。

しかし『共同幻想論』だけを読んでいたら、吉本の思想にはそれほどの衝撃力はない。想像力豊かで、難解で、しかも自己韜晦を疑わせるような、ある種の文学評論に見える。「マチウ書試論」や「転向論」を書き、『文学者の戦争責任』を書いて、戦時中命を賭けて抵抗したと称する人びとに激しい批判を浴びせたからこそ、そういうラジカルな人が書いた異形の国家論として読まれたのである。

4　『共同幻想論』に欠けているもの

ひとつ付言したいことがある。それは社会契約説についてである。ジョン・ロックは社会から政府を区別し、社会にはルール（自然法）が遵守されるように監視する「審判」が必要だ、それが政府だと論じた。このとき、ロックにとって自然状態とは財産を所有した個人からなる集合、すなわち社会であった。社会契約を結ぶ主体はすでに家族生活を営み財産を所有しているのである。ロックの「審判」はしたがって、それ自体は価値の創設者とはなり得ない外部的存在である。ただルールを破るものがないように監視しているだけの存在である。そしてロックにとって政治とは、そのような「審判」が営む作用のことだった。

敗戦後の日本にはマルクスだけでなくロックのような議論がなければならなかった。マルクスの政治概念は包括的全体性の概念である。政治を包括的全体性の概念でとらえると、法律はもちろん道徳や思想も事業活動もすべて国家に包摂されてしまう。だからといって三権分立や基本的人権の議論ができないわけではないが、包括的全体性の議論にいちいち付き合っていてはならない。

道徳や思想は国家が良し悪しを決めるものではない。まして国家が定めるものではない。営利であれ非営利であれ事業活動は、本来は国家が営んだり許可したりするものではない。この二点は「関係の絶対性」だの「強烈な自己欺瞞」だのを問題にするよりもはるかに切実なテーマだったのである。そう考えると、『共同幻想論』における吉本の議論にはやはり決定的なものが抜けていた。この本には、意気投合した人たちが株式会社を起こしたり、同業者たちが建築技術や天文測定についての意見を交換したり、地域の人たちがお互いに相互扶助したりする、一儲けしようと企むものが善意の人たちを騙す、そういう活動についての念入りな考察がすっぽり抜け落ちているのである。結局『共同幻想論』は人間の社会性の一部を切り取っただけにとどまっている。

吉本は国家というより天皇制の起源を、せいぜい広くいっても王制の起源を求めたのだ。ないものねだりだが、吉本には、事業活動が起こるときに人びとがどのような共同幻想を共有するのかを考察してほしかった。そのためには『遠野物語』や『古事記』は役に立たなかろう。『続日本紀』を読んだり、行基や忍性のような僧侶の事績を追求したりしたほうがずっと有益だったろう。それで足りなければ、ヘロドトスの『歴史』や『プルターク英雄伝』や、東洋であれば『世説新語』のような書物を参照するのがよかった。

註

（1）『福田恆存評論集・第四巻』新潮社、一九六六年、二五三ページ。
（2）同右、二五三ページ。
（3）同右、二五四ページ。
（4）同右、二五五ページ。
（5）『吉本隆明全著作集・第四巻』勁草書房、一九六九年、四六五ページ。
（6）同右、一〇五ページ。
（7）同右、七六ページ。

第五章

六〇年安保——一五年遅れてきた戦後

1　民主か独裁か――竹内好

失われた戦後を取り戻すこと

一九六〇年は安保反対闘争が盛り上がった年だった。わたしは市民主義が名乗りを上げた年ととらえている。どういうことかというと、本来一九四五年八月一五日以後に起こるべきだった動きが、戦後一五年たってようやく起こったという意味である。いまこそ未完に終わった戦後を取り戻すのだ。そういう思いが運動を牽引した人びとの胸を高鳴らせた。

安保反対運動の中心にいた鶴見俊輔は、敗戦直後の人の動きと六〇年安保の人の動きを対比している。敗戦後のときは、だれはどんな思想の持ち主だのだれはだれの系列だのといったことがいつも口の端に上った、しかしいまは人が自分でどんどん動いている、状況が速い速度で変わるから、指揮命令だの組織の代表だのといったことは飛びこえて動いている、と書いた。つまり人びとは独立した市民として自分で判断して行動しているということにほかならない。鶴見の文章から伝わってくるのは、こういう動きは四五年秋に起こっているべきだったという思いである。

一九五七年二月二五日、病気で総辞職した石橋湛山内閣のあとを受けて、岸信介内閣が成立した。岸首相は「日米新時代」をとなえて日米安全保障条約の改定に取り組んだ。改定交渉は妥結し、岸首相は六〇年一月に調印のため渡米した。新条約では、アメリカの日本防衛義務を明記し、日本の防衛力増強義務や事前協議などの取り決めを定めた。

当初、反対運動の動きは悪く「安保は重い」といわれた。しかし雑誌『世界』五月号に、国会請願運動を提案する清水幾太郎の「今こそ国会へ」という論文が発表されたころから反対運動はにわかに高揚した。

五月一九日深夜、衆議院は会期延長を強行採決した。そして直後に与党議員のみで、新安保条約承認を可決した。与党の自民党でも反主流派の河野・三木・石橋・松村派は棄権した。これはアイゼンハワー大統領訪日に合わせて政治日程を進めることをねらった抜き打ちの採決だった。

これを境に安保反対運動は反政府運動として空前の盛り上がりを見せた。五月一九日の強行採決は条約改定に反対する人びとを憤激させた。数日おきに大デモがおこなわれ、一〇万人をこえるデモ隊が国会を十重二十重に囲んだ。

「民主か独裁か」

鶴見俊輔と同じく反対運動の中心にいた竹内好は五月一九日に岸内閣が衆議院本会議で新安保条約の承認を強行採決したことに抗議して大学を辞めた。そして「民主か独裁か」と題する文章を『図書新聞』六月四日付に発表した。「民主か独裁か」は一七の段落からなる短い文章で、段落ごとに番号が振ってある。そのかなめは、強行採決で争点は民主か独裁かということに移った、安保に賛成の人も、強行採決をするような非民主的な政権に反対して立ち上がるべきであるということだった。竹内は次のように述べた。反対派は状況が移り変わっていくのをそっちのけに、内部対立していて、そのために立ち後れた。共産党は安保闘争そのものに消極的で自己の革命幻想のために闘争を利用しようとしている。労働組合も組織弱体化をおそれてたたかいに及び腰である。反対派のこういう弱さがファシズムの進行を容易にした。いまやファシズムの危機が迫っている。だから独裁反対の線で結集するべきである。

竹内のこの主張は大きな反響を呼んだ。まもなく六月二日、文京公会堂でおこなわれた民主主義を守る国民の集いで、演壇に立った竹内は「四つの提案」と題して同趣旨の呼びかけをおこなった。第一、強行採決で民主主義は破壊された。民主主義を立て直さなければならない。第二、われわれは暴力を絶対に使わないでおこう。第三、国際関係を絡ませてはならない。岸首相はアメリカを持ち出しているが、われわれは絶対にソ連や中国を持ち出してはいけない。第四にファシズムとのたたかいであるから、われわれは必ず勝利する。

自由民権運動を髣髴させる主張

竹内のことばは政党や労働組合のリーダーシップに違和感を抱き、イデオロギー的な対立に嫌悪感を抱く幅広い人びとの共感を得た。審理を尽くすといっていた首相が、アメリカ大統領の訪日日程に間に合わせようと抜き打ちで強行採決をおこなった。それはあまりにも暴挙だ。しかし反対派も社会主義国は正義で悪いのは資本主義国だなどとイデオロギーをふりかざしていて信用ならない。そもそも敗戦国日本はアメリカに首根っこを押さえられている。議会も政府与党が多数を握っている。だから安保改定に反対するといっても、実現するわけはない。そう考えていた人たちも、強行採決に見て見ぬふりをしていいのかと感じたのである。そうでも考えなければ、五月一九日以後波状的におこなわれたデモが空前の参加者を集めた理由を説明できないだろう。それに半年後一一月二〇日の総選挙で自民党が議席を一〇数議席ふやしたことも説明できないだろう。

竹内のことばには、国会開設を求めた自由民権運動を髣髴させるような響きがあった。一八八〇年、国会開設を要求する国会期成同盟が結成され、以後、国会開設請願運動が全国に広がった。軽視されがちだが、憲法をつくることと、国会を開くことは、決定的に意味が違う。憲法をつくることが先なら、国会の権能や地位は憲法が決める。国会を開くことが先なら、その国会で憲法をつくるということである。竹内が書いた「民主か独裁か」は、第一一段落でいざというときには国民が議会をつくろうと提案している。議会が機能しなくなった以上、それに取って代わるべき国民代表の会議体がなければならない。そしてそれによって議会の行動を監視するべきだというのである。

「現在、議会はほとんど機能を失っているが、まったくなくなったわけではないから、今すぐ議会を否認するのは正しくないし、得策でもない。ただ、いまの議会を既成のルールで立て直せると楽観していると、ファシズムの進行に追いつけない。一方で人民議会と人民政府をつくる運動を進めていて、その運動の中から議会の再建を監視していなければならない[1]」。

議会が機能しなくなったら、それに代わる議会を国民が準備すればいい。何という大胆な発想だろうか。大胆だが、民主政治の原理原則に徹底した考え方である。自由民権運動が国会期成同盟を結成して請願運動をおこなったときは、明治維新から一〇年そこそこしか経っていなかった。国会開設の請願とは何を請願しようとしたのか。国会を開設するために、早く憲法をつくってほしいという請願ではない。どんな憲法をつくるか、それを議論するために国会を開設してほしいという請願である。

実をいうと、その当時、国会が憲法をつくるという発想についていけなかった活動家も半数はいたのである。自由民権運動の活動家の間にもついていけないものはいた。

明治憲法は政府が制定し、新憲法は占領下で公布された。新憲法は議会の承認を経て制定されたが、実質的に議会が憲法案をつくったわけではない。国の基本的な骨格をつくるという場面で、日本の議会は一度も国民代表らしい行動をしたことはなかったのであるし、そもそも国民が議会にそういう役割を托そうとしたこともなかったのである。ところが竹内好は、議会が機能不全におちいったときに備えて議会開設の準備をしておこうではないかと提案したのである。竹内の提言がいかに人を驚かせ、かつまたいかに励ましたかは想像に難くない。

六月一〇日にはアイゼンハワー大統領訪日のスケジュール調整のために来日したハガチー秘書官の車がデモ隊に囲まれて立ち往生するという事件が起こった。六月一五日には東大生樺美智子が死亡した。一七日、朝刊七紙に「七社共同宣言」が出された。共同宣言は暴力を批判し、政府と野党の両方に国会正常化を呼びかけた。結局、安保は審議がおこなわれないまま自然承認になり、岸内閣は条約発効直後に総辞職した。

2　不服従の遺産

竹内好の独立不羈

竹内好は中国文学者であった。独立独歩のおもむきがあり、同じく安保反対の陣営を構成していた日本共産党や労働組合を歯に衣着せず批判した。そして人をあっと驚かせるような無手勝流の発言をした。自分たちで議会をつくろうという提言のように、政治にかかわっている人だったらかえって思いつかないようなテーマをつきつけたのである。指導者然としているものたちに、自前の議会をつくる覚悟はあるかと問いただしたわけである。

竹内は日本の近代化と中国の近代化を対比したり、早い時期に日本共産党を批判したり、大アジア主義を論じて侵略と連帯はつきつめると切り離せないところがあるとしたり、考えたことをそのものずばりいってのける人だった。日本の近代化は欧米列強を模範にした上からの近代化だったが、中国の近代化は欧米先進国を模範にせず、失敗を繰り返しながらの下からの近代化であるとして、近代化にはふたつの道筋があると論じた。いまから見ると毛沢東に対する評価が甘すぎるが、ふたつの近代化路線があるという見方は示唆に富んでいる。それに竹内は中国一辺倒ではなかった。安保条約は日本の独立を損ねているという考えはあっただろうが、安保反対闘争は日本国民の独立の希求のあらわれだという中国側の見解には与しなかった。竹内は独立独歩のナショナリストだった。

「日本共産党に与う」が書かれたのが一九五〇年、まだ占領が終わらない時期で、最後まで軍国主義に抵抗したとして共産党に対する畏怖と賛仰が非常に強かったころである。その時期に共産党を批判してたじろぐことがなかった。侵略と連帯は切り離せないところがあるとは、言いも言ったりである。相手方にとっては侵略以外の何ものでもなくても、自分たちにとっては連帯だということが起こり得るし起こった。その場合、連帯を信じた人たちを安易に断罪していいものかどうか、というのだから少し危険なにおいがする。

保革の分類でいえば竹内はれっきとした革新であったろうが、革新に刃を向けることを躊躇しなかったし、革新に向ける刃が鋭かった。だからイデオロギーに凝り固まった人たちからは激しい批判も浴びたのである。激しい批判も浴びたが、強い共鳴も得た。植民地時代の朝鮮で生まれ朝鮮の人びとの間で育った森崎和江は、竹内が書いた日本のアジア主義についての文章に「そもそも『侵略』と『連帯』を具体的状況において区別できるかどうかが大問題である」[2]という一節を読んで、感動で体がふるえた。自分は植民者の子どもとして植民地の人びとと心の通い合う付き合いをして育った。そのことに森崎和江は深い負い目を感じていた。自分の痛みを知る人が年上の世代にいると知ってこのうえなくよろこんだのである。

不服従という政治行動

竹内好は六〇年安保のたたかいの軌跡を『不服従の遺産』(筑摩書房、一九六一年)にまとめた。この本は安保反対運動に関して一九五九年一二月から一年半の間に竹内が発言したことをすべて収録したものである。

竹内は安保反対運動に参加した人びとのことを「市民」と呼んでいる。「市民」はいまでこそ普通に使われているが、当時はまだ座りの良いことばではなかった。誤解されることもあるので使いたくないが、ほかに適切なことばが思いつかないのでしかたがないと、竹内は弁解している。「市民」ということばに竹内はどんな属性を与えようとしていたのだろうか。六〇年安保反対運動を担った人びとをあらわしたいと思ったからである。「……去年の運動を、全体として、また本質的部分として、市民の運動であったと規定したいからである」[3]と竹内は書いている。

運動には平和運動という側面があった。戦争でさんざん苦しんだ日本国民であったから平和への思いは強かった。安保条約は軍事同盟である。安保反対は平和運動という性格が強かった。また独立運動という性格もあった。安保条約は日本のアメリカへの従属を強める、そのことに反対するというわけである。階級闘争の側面もあった。だがそれらの底に、いわば公分母として市民的自由の獲得という側面があった、と竹内はとらえた。

運動の政治的性格については、一方の極からは国際共産主義の陰謀というとらえ方があった。他方の極ではアメリカおよび日本の独占資本に対する人民の抵抗という見方があった。けれどもこういう見方では運動に参加した人びとの横顔は見えない。どんな人が参加したかが重要である。当然のことだが、ではどんな人が運動に参加したのか。竹内は抗議のストをしたクリーニング店主のエピソードを紹介している。ストなんかしたらお客が減るのではないかと心配だったが、いざストをしてみると、心配をよそに客がふえた。このクリーニング店主のような人たちが「市民」なのである。

それまでデモといえば、政党や労働組合などの所属組織の方針に従って参加するのが主要なかたちだった。ところが六〇年安保では反対の意思表示のために組織とは関係なく個人で行動を起こした人が大勢いた。クリーニング店主のような人である。そういう人たち、つまり政治的なことがらを自主的に判断して自分で行動する人をあらわすために竹内は「市民」ということばを選んだのである。そして彼らの行動を「不服従」と性格づけた。

3　歌を生まない政治闘争

六〇年安保は反対派の勝利だったのか

竹内好は安保反対運動は勝利したという総括を与えている。国民が自分の判断で不服従の意思表示に立ち上がったのは日本近代史上はじめてのことではないかというわけである。民主か独裁かという問題提起をした竹内としては、自然のいきおいであったかもしれない。そしてたしかにそうだったといっていいいかもしれない。

さらにいえば、民衆が自分の判断で意思表示に立ち上がるということであれば、本来なら、それは一九四五年八月一五日に起こるべきだったのである。一億総懺悔などという無責任なことばが総理大臣の口から飛び出す前に、国民は声を上げるべきだった。とはいえ岸内閣は倒れたが安保条約は無傷で発効したのだから、文字通り安保改定に反対した人びとにとってはとても素直に勝利とはいえない思いだったろう。まして安保闘争の向こうに革命まで見ていた若い人たちは、昂揚のあとにひとかたならぬ挫折感に襲われた。

決定的なことは、安保反対運動の五カ月後、一一月二〇日に実施された総選挙で、安保反対派の政党が分裂したり後退したりしたことである。結果は自民党が二九九議席、社会党は一四五議席、社会党と袂を分かった西尾末広らの民主社会党は一七議席、共産党は三議席だった。自民党が議席をふやした。追加公認を合わせると自民党は三〇〇議席になった。強行採決のときに主流派と非主流派があわや分裂という局面になった自民党が分裂せず、安保反対を叫んだ社会党が分裂したのだから、政権党のしたたかな強さと野党のもろさが露呈したといえる。竹内好が勝利したと主張したのは、やはり強がりだったといわなければならないだろう。

その証拠に、六〇年安保後かなり長い間、政治にかかわるときっと挫折や悲哀が訪れるというメランコリックな感情が人びとの心をとらえた。政治と青春の挫折という構図が、学生や知識人の間に広がった。それを最もよく象徴するのが文学では柴田翔の『されどわれらが日々』であり、社会科学では見田宗介の『現代日本の精神構造』だと思われる。前者が一九六四年に、後者は翌六五年に刊行された。

『されどわれらが日々』は若者に支持されてベストセラーになった小説だが、何しろ主人公は東大大学院生である。いま読むと学歴エリートの自意識とジェンダー意識があまりにも濃厚で、読むのが辛くなる。『現代日本の精神構造』は日本社会論である。社会学の真骨頂は批判理論だろうが、日本人の心情に迫っていくその視線がいかにも内向的なのである。両方ともふつうの社会人から距離を置いたところで営まれる知的営為の所産である。

国民的な詩歌を生まない政治運動

唐突だが、わたしは日本近代文学の大きな特徴のひとつは、政治をうたった長編叙事詩が生まれなかったことだと考えている。韓国では政治的事件をうたった長編叙事詩がたくさん書かれている。日本はどうかというと、建武新政の混乱を風刺した「二条河原の落書」が最も立派な詩だろうか。藤田東湖の「回天詩史」や頼山陽の「日本政紀」のような江戸後期の古詩はあるが、近代になるとほとんど見られない。自由民権運動が政治的な詩をつくったがすべて短い詩である。大正時代の民衆詩には長編叙事詩があるが、読者は悲しい物語に涙をさそわれる。読む者をふるい立たせるようなものではない。

一九二〇年代三〇年代のプロレタリア文学は中野重治ら多くの詩人を輩出したが、長編叙事詩はほとんどない。中野重治の「歌」は有名な詩だが、「お前は赤ままの花やトンボの羽を歌うな」と自分に語りかけている。革命運動に身を挺する決意を語った詩なのに、内容はおそろしく内向的である。国民から孤立している様子が伝わってくる。

敗戦後五〇年代までは詩が多く書かれた時代だった。谷川雁や吉本隆明の詩はよく読まれたが、戦後詩はきわめて晦渋《かいじゅう》で哲学的である。島崎藤村や北原白秋の詩のように、ふつうの人の手に届くようなわかりやすい詩ではない。わかる人だけわかってくれればいいといわんばかりである。政治運動のリーダーであり旗振り役であった中野や谷川や吉本は、一部の人間にしかわからないような内向的な詩を書いていて恥ずかしくなかったのだろうか。

もしも六〇年安保が権力をとことん追い詰めて、政権交代の瀬戸際まで押し込んだのであったら、わたしは思うのだが、「インターナショナル」のような革命歌でなく、だれもが口ずさむ明るいわかりやすい歌が自然発生的に生まれたに違いない。挫折ではなく希望を届ける歌がうたわれたに違いない。そうしてそんな歌が新しい国民歌になったに違いない。

坂本九がうたった「上を向いて歩こう」の秘密

しかし実際には、挫折の暗い情念のほの見える歌が流行したのである。一九六〇年四月にポリドール・レコードから「アカシアの雨がやむとき」が発売された。「アカシアの雨がやむとき／このまま死んでしまいたい」と西田佐知子がけだるい声で歌うこの曲は大きなロングセラーになった。安保反対闘争が敗北に終わって、挫折感に沈む若者たちをとらえたのだといわれた。中学生になる前だったと思うが、わたしもこの歌はよく耳にしたし、よく口ずさんだものである。たたかいのさなかにうたわれるのではなく、たたかいが終わって歌がうたわれる。しかも抒情的な歌がうたわれる。センチメンタルな流行歌が、たたかいにやぶれた人びとの傷を癒やした。そういう構図になる。

わたしはプラハの春を思い浮かべてしまう。民衆の政治的抵抗が高揚するとき歌がうたわれる。ビートルズの「ヘイ・ジュード」は一九六八年チェコスロバキアの改革がソ連によって弾圧されたとき、若い女性歌手のマルタ・クビショバーが抵抗の歌として歌った。そして「ヘイ・ジュード」は抵抗の歌として広く長くチェコスロバキアの人たちに記憶されることになった。

六〇年安保は歌を生んだとはいいにくい。本当は歌を生んだのかもしれないのだが、民主の歌としては国民に共有されなかった。というのは坂本九がうたった「上を向いて歩こう」は作詞した永六輔の六〇年安保体験がもとになっているからである。永六輔は何度もデモに加わった。仕事が手につかなかったほどだった。涙がこぼれないように、上を向いて歩こうと、永六輔は挫折の思いを表現した。曲は大ヒットした。ところが曲に托した思いは、まったく聞き手には伝わらなかった。「上を向いて歩こう」が六〇年安保の敗北体験から生まれた歌だとは、だれも知らなかった。考えてみればそのころ永六輔が作詞した曲は、「黒い花びら」にせよ「遠くへ行きたい」にせよ「見上げてごらん夜の星を」にせよ、みんな涙の曲である。それなのにメロディーは哀調ではない。「上を向いて歩こう」はいってみれば未発の国民歌だった。

「アカシアの雨がやむとき」

一九六四年に柴田翔の中編小説『されどわれらが日々』が出版された。流行歌の「アカシアの雨がやむとき」とこの小説は、漂わせているメランコリーな気分がよく似ている。『されどわれらが日々』は恋愛小説で、登場人物はすべて若い。主人公はノンポリ大学院生で一歳年下の婚約者がいる。婚約者は女子大学卒で働いている。学生運動が背景になっていて、一九五五年の日本共産党が六全協で従来の武装闘争方針を放棄したことで、党を信じていた学生党員の自殺が描かれている。六〇年安保後の学生の気分をとらえてたいへんなベストセラーになった。

「アカシアの雨がやむとき」と『されどわれらが日々』には、若者が政治にかかわることへの誘惑がロマンチックにうたわれている。誘惑というとおかしいかもしれない。陥穽というべきだろうか。挫折、別離、孤独、失意、虚無感へのいざないである。「アカシアの雨がやむとき」と『されどわれらが日々』は、両方に死がうたわれている。

4　政治と青春の挫折

学生運動と働く若者を隔てる壁

とはいえ挫折といい別離といい、いわば青春の通過儀礼であった。いま若者が政治にかかわるといったばかりだが、大学生が学生運動にかかわるといったほうが正確である。一部の大学生は学生運動にかかわることで、社会のとらえかたを学び、自分の思いを行動にすることを経験し、ネットワークづくりのノウハウを習得した。ようするに大人の実力をつけたのである。歌や小説には死が描かれたが、実際には、圧倒的大多数のものは運動から足を洗い、さっさと就職してやがて頼りがいのある企業戦士になった。

ここまで書いてきて、わたしは自分のささやかな経験を思い出した。一九七〇年にわたしは大学に入学した。四月に上京する前、一週間ほど地元の生花店でアルバイトをした。といってもラジオ体操程度のアルバイトだった。そのころ七〇年安保反対運動が全国の大学で起こっていた。六〇年とはかなり違っていて、安保闘争というより大学闘争の様相を呈していた。前年の一九六九年には東大入試が安田講堂占拠事件により中止になっていた。そのころである。

商品の配達のために軽トラックで市内を回っていたときである。手伝いのわたしは助手席に乗っていた。五〇人ほどの学生のデモ隊を見かけた。すると運転していた店員が、あいつらは勝手なことをして社会に迷惑をかけている。自分はあいつらを見ると、車を突っ込んでやりたくなる、と忌々しげに吐き捨てた。そして、あいつらは大学生で、いいご身分だ。おれは中卒だと小さくつぶやいた。

そのころわたしは学生の気持ちに共鳴していたから、何にもいわなかった。彼はわたしより七、八歳年上だったろう。わたしが東京の有名大学に進学することを知っていた。配達に出かけるとき、おめでとうと、笑顔でいってくれた。何でも話せる気さくな人だった。だが彼と自分の間にミゾがあることを痛感したものだった。

政治と青春の挫折

根拠はないが、一九六〇年代から七〇年代はじめにかけての高度経済成長は、学生運動に参加した人たちが牽引車の一翼をなしていたのではないかと想像している。何しろ能動的で、人を動かし社会を動かす術を体得している人たちだ。行動力がありいい意味の無鉄砲さも備えている。上司と議論もできるだろう。

そういう人たちが西田佐知子を聞いて、青春の挫折などとつぶやきながら、日本企業の先兵として海外に出て働いている。一方では生花店の人のいい店員は学生運動にいらだたしい思いをしながら働いている。彼らがうたうのは坂本九である。こういう構図を疎外論の立場から、つまり学生の背後から浮かび上がらせたのが、次章で取り上げる見田宗介の「まなざしの地獄」である。

政治と青春の挫折。それは戦後日本の政治思想を考えるとき、見逃してはならないテーマである。政治が人間存在の奥深くに食い込んでいて、個人の生き方は政治によって決定的に制約されている。だから人間解放のため政治変革は必然だ。しかし社会の壁は厚く、解放への希望をかかげてぶつかっても空しくはねかえされる。やがて人間は歳をとるにつれてじょじょに夢をあきらめ社会と妥協を重ねるようになる。あれは青春のひとときだったと回想するときが来るだろう。

政治の実務を担う官僚、彼らは輝かしい学歴エリートである。国民を統合して国策への協力と追従を調達する政治家、彼らの中には銀の匙をくわえて生まれてきた名門の出身者が何人もいる。そして官僚や政治家と協調して経済を動かしている経営者たち。創業家の跡継ぎもいるが名門大学出身者もいる。実務の世界で辣腕を発揮してきた人たちだ。これら三種のパワーエリートが牛耳る体制は強固でふところが深く、解放を夢見ていくら跳んだりはねたりしてもおいそれとは崩壊しない。それどころかそういう尖った若者を取り込んでいつのまにか体制内の優秀な人材につくりかえてしまう。そもそも学生運動に立ち上がったのは、東大、京大、早稲田、地方の国立大学はじめ名だたる有名大学の学生だったのである。

市民主義とは何か

さて市民主義とは何かという問いに戻ろう。市民主義は革命思想ではない。シングルイシュー（単一の争点）であっても、自分の意見を堂々と発信する主義である。そのときどきに、支持政党などとは関係なく、社会問題について意思表示する。そういう主体性が市民主義である。ここではたたかいに敗北したとしても、挫折はいっときの経験で終わる。人生は政治運動に参加するかどうかなどということでは影響を受けないのである。デモに参加したり請願に署名したりしたくらいで会社をクビになったりしたらたまったものではない。それは民主政治としては当たり前のことだが、日本では一九六〇年以後にじょじょに当たり前のことになっていったのである。もともとは当たり前ではなかった。一九七〇年にもデモに参加する学生は警察やマスコミに写真を撮られるのを嫌がった。それが企業に漏れて就職に差し障ることをおそれたのである。

保守的な人びとは街頭でデモするような政治的実践に対して抜きがたい不信感を共有していた。ギリシア哲学者で代表的な保守の論客だった田中美知太郎は、労働争議を例にとって、「市民」と「労働者」を対立させ、市民性を脱却して労働者の立場に徹するということは「ひとつの精神的苦行のごときもの」であり、「職業革命家の主観性」に立つことであって、結局一般大衆（市民）からかけ離れてしまうことであると述べている。「誰も興奮を日常とすることはできない」と田中美知太郎は断言している。要するに田中はデモのような行動を代表的な政治行動と見ているわけだが、デモを「興奮を日常」とする不毛な行動と見るのはいくら何でも大時代的である。田中がそう考えるのは、大衆的な政治行動を革命運動と見ているからである。いまからいえば偏見というしかない。街頭の示威行動はデモクラシーの根幹をなす思想信条の自由そのものなのである。市民主義はデモを過激な革命運動と見るような呪縛から人びとを解放した。

5　転向と挫折

亀井勝一郎の転向

政治と青春の挫折には前史がある。まず一九三〇年代の転向がある。そして戦後の挫折へとつながる。亀井勝一郎の転向から、田中英光の挫折を経て、柴田翔に至る道筋をたどることができるだろう。

亀井勝一郎の転向を見てみよう。亀井勝一郎は東京帝国大学文学部の学生だったときにマルクス主義に傾倒して新人会のメンバーになった。共産主義青年同盟に参加して一九二八年に退学したが、同年四月に治安維持法違反の容疑で逮捕された。一九二八年に第一回普通選挙が実施された。ときの田中義一内閣は普通選挙によって無産政党が議席を伸ばすことをおそれ、二度にわたってマルクス主義者の一斉検挙をおこなった。一九二八年の三・一五事件と一九二九年の四・一六事件がそれである。亀井は二八年の一斉検挙で逮捕されたわけである。三・一五事件の後、転向が続出する。とくに一九三三年六月に日本共産党委員長の佐野学と幹部の鍋山貞親が獄中から転向声明を出すと大量の転向者があらわれた。

亀井は三〇年に上申書を提出して保釈された。転向である。一九三三年、裁判がおこなわれ、公判廷において亀井は転向を表明した。亀井の回想（『我が精神の遍歴』）によれば、彼は法廷に立っているとき「ここに立っているのは自分の肉体だけだ」と感じた。なぜなら、「政治的権力は、ことさら精神の重要ならざる部面に向かって裁断を下そうとしているようにみえる。いっさいの微妙を抹殺せる世界である。自分が内心に担った問題の大いさに比べるならば、法廷における転向声明の一言など『嘘』にすぎない。しかも『嘘』でなければ通用しないのだ」[4]。政治の世界が、「内心に担った問題の大いさ」を抹殺し、「嘘」でなければ通用しない世界ならば、政治的実践は所詮徒労に過ぎなくなる。いや、それどころか、かえって人間を堕落させてしまうであろう。

転向とはどういうことをいったのか、それを知っておかないといま述べた亀井の心境は理解できないだろう。当時は、もう政治活動はしませんと誓えばゆるされた。思想が間違っていたと告白することまでは求められなかったのである。

ナイーブな夢想家

亀井は極端にナイーブだった。形式的な誓約でゆるされるのは体制のふところの深さというべきである。一年や二年、革命運動にはしったからといって、東京帝国大学の出身者を抹殺してしまうのは惜しい。当時の大学生は超エリートである。まして東京帝国大学の出身である。政治上の意見が対立しているといった程度の理由で、異議申し立てする人間を軽々に抹殺してはならないのである。

わたしは一九三〇年代の日本国家のふところが深かったなどとは考えていない。亀井より四歳年上の小林多喜二が惨殺されたのは一九三三年のことだった。しかし明治以後の国家が一貫して反体制派をむごたらしく弾圧したとも考えていない。箱館戦争のときに旧幕府軍を率いて五稜郭に立てこもった榎本武揚は、才能を惜しんだ政府に許されてのちに明治政府の大臣を歴任する。自由民権運動はやがて帝国議会を牛耳る政党になり、短い期間だったが政党内閣の時代が訪れた。政治発展とは対立者を体制の中に包み込む度合いが深まることである。そういうことを考えると、一九三二年から四五年までの時代はむしろ日本近代史の例外に属する。

しかしよほど思い詰めていたのであろう。亀井は一九三三年の日本国家がある種の許容度を持つ体制だとは考えなかった。運動から足を洗いますとさえいっておけば、その後も自分の思想を捨てずに活動できるのだとは考えなかった。政治は「嘘」の世界だと考えた。そして強い拒絶感をもって政治に背を向け、日本の芸術と伝統美の世界に向かうのである。執行猶予つきの判決を受けた亀井は、三四年最初の評論集『転形期の文学』を出す。二七歳のときだった。戦後は人生論や日本の古代文化論を得意とする評論家として活躍した。『愛の無常について』など亀井の評論はよく大学入試問題に使われたものである。

転向のときに考えたことと、日本降伏の直前に書かれた『日月明し』と、戦後の評論とをくらべると、亀井が現実を直視するリアリストでないことがよくわかる。一九四五年、敗戦の少し前に書かれた『日月明し』には、焦土となったまちに生きる人びとについて、彼らの表情の何と明るいことか、と亀井は書いている。わたしはこういう感覚にとてもではないがついていけない。亀井勝一郎は自閉的な傾向のある夢想家だった。

転向と挫折の違い

亀井は国家があやつる政治の論理を毛嫌いした。それに対して田中英光は共産党と労働者の実像に接して挫折した。自分がそのために身を捧げる決心をした労働者が革命のことなど少しも考えず、自分のことしか考えていない。それに党員の中にも党が義賊か何かと勘違いしているものが少なくない。それを見て田中英光は絶望したのである。戦後の転向は、転向と呼ぶより挫折と呼ぶほうがふさわしい事例をふくめて、すべて挫折をきっかけとするパターンである。

戦前の転向は国家権力の強制による思想の変化といえる。しかし戦後の転向には国家権力の強制という要素はない。六〇年安保以後になるとマルクス主義から保守主義への転向者が次々とあらわれる。とくに目立ったのは安保反対運動の指導者だったり、全学連のリーダーだったりした人びとの転向である。清水幾太郎、西部邁、香山健一、青木昌彦らである。その人びとを迎え入れることで保守主義はそれまでにない理論武装をするようになる。戦前の転向とはまったくタイプが違う。本当なら彼らの思想の変化こそ最も転向らしい転向と呼ばなければならないだろう。

一度デモに出て逮捕されて懲りるといったケースもないわけではなかっただろうが、それを転向というのは大袈裟である。そこでわたしは転向と呼ぶには大袈裟と思われる思想の変化をあらわすために青春の挫折ということばを当てたいのである。

『されどわれらが日々』からプロテスト・フォークへ

柴田翔は挫折を青春の冒険として描いた。政治にかかわることは学生時代のいっときの経験である。若者はそれを通じて社会に対して能動的に行動することを学び、同時に恋をしたり失恋したりする。そういうロマンスを経て社会人になる。一九五〇年ごろと違って、一九六〇年になると政治にかかわることは献身と自己犠牲ではなく、自己表現と冒険の意味合いをおびるようになる。田中英光は自分を労働者にささげるつもりで運動に入っていったが、柴田翔は政治に絶望して自殺した知人のことを聞いて動揺するだけである。冒険に事故はつきものというわけだろうか。

『されどわれらが日々』が出版されたころにはベトナム戦争が始まっていた。アメリカでは反戦フォークがうたわれた。PPM（ピーター、ポール&マリー）の「花はどこへ行った」や「風に吹かれて」は日本でもヒットした。やがて日本でもプロテスト・フォークの時代がやって来る。こうして国民歌は生まれず、異議申し立ての歌（プロテスト・ソング）が政治の歌になった。

6　市民主義とは何か

市民主義とは何か。日本の近代史をさかのぼって位置づけてみたい。

明治維新は西南雄藩によって遂行された。薩長土肥は最初から一枚岩だったわけではないし、藩をあげて維新に邁進したのは薩摩と長州だった。その薩摩と長州ももともとは対立していた。長州はいちはやく倒幕に舵を切ったが薩摩は土壇場まで公武合体をとなえていた。異なる勢力が手を握って維新を遂行したのである。そうやってできた明治政府だったが、明治六年の政変で権力核が分裂した。板垣退助ほか下野した人びとが自由民権運動を起こすのである。

自由民権運動は国会開設をかかげてたたかう。つまり国会を開いてそこで憲法を審議しようというわけであるが、政府は一八八九年に欽定憲法として大日本帝国憲法をつくった。はじめ藩閥は超然主義をとなえる。つまり議会の意志にかかわらずに政府を構成するというのである。しかし議会の意志をまったく無視して政治を運営していたら国民を統合することができない。そこで一九〇〇年に、伊藤博文が自由党系の政治家と伊藤系の官僚を糾合して立憲政友会をつくる。やがて日露戦争を境にして藩閥（山県系）と政党（立憲政友会）が交互に政権を担当する桂園時代が訪れる。政党は政権を握ることができたが、その政策の範囲はあくまでも藩閥と軍部が了解する範囲でのことだった。とくに国防については政党はほとんど口を出すことができなかった。

戦後は新憲法が施行されて政党政治の時代になるが、最初の六年間はGHQの指令に反することはゆるされなかった。その後自民党が長期に政権を担当することになる。まもなく始まった五五年体制では自民党が天下党、社会党が抵抗党という色分けになった。軍事外交についてはアメリカに従属する度合いが強く、内政は官僚の政策立案能力に依存する体制だった。そもそも自民党の実力者には官僚出身者がきわめて多かったのである。

市民主義は以上のような政党の布置のどこにも占める位置がない。

民衆運動という点では国会開設運動と社会主義革命運動とに共通するところがある。何が共通するかといえば、知識人が主導したことである。そして十分に自分たちの主張を実現できなかった。政治は妥協の芸術だから実現できなくてもかまわないのだが、挫折感を伴った。自由党は激化事件を起こすし、マルクス主義者は転向するし、六〇年安保のときはせっかく見えた旗のもとに結集することができなかった。市民主義は誕生した。しかし勝利したわけではなかった。

市民主義はその後の人びとの政治行動を大きく変えた。自立した行動がふえたのである。しかし市民主義をかかげる政党は誕生しなかった。だいぶ遅れて社会市民連合が生まれるが、ごく小さな政党だった。市民主義が議会で求心力を持つことはなかったのである。若者が政治に立ち上がること、それがエレジーだったのはそういう事情による。しかしその反面、市民運動は活発になった。多くは批判告発型の運動だったが、公害問題、環境問題、まちづくり、平和など、市民運動は存在感を発揮した。その中には生活クラブ生協グループのように事業型の活動をめざす団体も誕生した。いまでいう

ＮＰＯである。やがて市民運動とＮＰＯが民主主義の最も重要な担い手になる。

7　竹内好の国民文学論

国民文学論を提起

最後にもう一度竹内好に戻りたい。

国民のひとりひとりが自分の意志で政治闘争に立ち上がり、政権を打倒する。そして新しい権力を打ち立てる。そういうことを竹内好は近代ととらえていた。中国の近代のほうが日本の近代にくらべて本物だという評価は、そこから来ている。明治維新は武士階級による革命だったが、中国革命は民衆が立ち上がって遂行された、だから中国社会は近代的なのだというわけである。

中国のとらえ方という点では、今日の時点から見ると首をかしげたくなる。しかし問題はそういうところにはない。竹内は日本の現状を中国に托してとらえているのであり、明治維新以来、日本国民は自分の力で政治行動をしたことがあるか、真っ向から権力とたたかったことがあるかと問いかけているのである。

一九五一年、竹内好は国民文学論を提唱した。その発端となったのは『世界』六月号に発表された「亡国の歌」で、こちらは戦後文学を全面否定せんばかりの激しい口調で書かれている。竹内は直前に『展望』に掲載された臼井吉見の評論に全面的な賛意を示す。臼井吉見は『山びこ学校』にのっている中学生の作文が国民生活の広さに対応するだけの広さを示しているのに、日本の現代小説は「特殊な狭さ」の中に閉じこもっていると批判したのである。要するに竹内も文学が社会課題と格闘していないと批判したのである。

一九五一年六月といえば、横浜事件を題材にした石川達三の『風にそよぐ葦』の新聞連載が終わったころだが、竹内は石坂洋次郎の『青い山脈』も坂口安吾の「堕落論」もまったく評価しなかったのかと、わたしなどは訝しく思わずにはいられない。要求水準があまりにも高いではないか、と。どうしてこんなに要求水準が高いのかといえば、作家の「思想性の欠如」、「いかに生きるかの問題意識」がないと竹内ははっきり書いている。だが日中近代比較論と同じように、本当の主張はそこではないだろう。竹内は国民が文学をつくるがわに立つことのできる開かれた構造がないことを問題にしているのである。

文学は社会的構築の場でなければならない

国民文学論は論争を巻き起こした。左派も保守派も多様な立場の文学者が論争に参加した。論争は左派作家たちによって、政治と文学の線に沿って議論され、竹内は心ならずも自分の提案からそれた議論をしなければならなかった。とはいえ彼は論戦を楽しんでいたように見える。竹内は狭い文壇の垣根を取り払い、文学が国民に広く開放されることをめざしていた。文学は社会課題を取り上げるものだ。読者はそれを読んで社会課題について考える。こうして人びとは多くの社会課題について知識を共有し意見を形成する。そのことによって国民が形成される。国民文学はその基盤となるのである。

いまのことばでいえば国民文学論は、文学は社会的構築の場でなければならないという主張である。狭い文壇に住む作家たちが自分の生活の細々としたことを書くような私小説では社会的構築など起こりようがない。大衆小説のほうがまだましかも知れないが、読者がそれを娯楽として読む限りは社会的構築の効果は限定されざるを得ない。さまざまな社会課題についての情報を提供し、読者が社会公共のことについての見識を養うように仕向ける。文学がパブリックオピニオン（世論）の形成を促進する。それゆえ文学は民主主義の基盤になる。それが竹内のいう国民文学なのである。

竹内に「日本的ブルジョア作家山本有三」と題された文章がある。長い文章ではないが、その中で竹内は山本有三は後進的な日本にブルジョア道徳を樹立しようと苦労している作家だと評価している。当時はブルジョアということばは金持ちの有力者といった意味で、いい意味では使われなかった。しかし竹内は「ブルジョア作家というのは悪口ではなくて、尊敬の意味でいっているのである」と断っている。自分とは立場が違うが、山本有三は国民道徳を打ち立てようとしているのだと高く評価しているわけである。

山本有三は『路傍の石』『女の一生』『真実一路』など、大きな視野で社会問題をとらえ真っ向から切り込んでいった。読者に、だれでも納得のいく道徳基準を提示して、その立場から社会問題の解決を展望しようとした。夏目漱石の後継者たることを期待され多くの読者を持つ作家だった。わたしならブルジョア作家などと評価するにとどまらずもう一歩先に進んで堂々たる国民的作家だったといいたいが、竹内は国民的作家と評価するには欠けるところがあると考えていたようである。

竹内好の願望

戦後文学を全否定せんばかりの口調には戸惑いを覚えるが、竹内の真意は文学を社会的構築の場とするというところにあったのだと考えると理解できる。たしかに朝日新聞に連載小説を書くようになってからの山本有三も、竹内のような視点で見れば国民的作家とはいえない。中学生の作文が『山びこ学校』に収録されるのと同じように、文壇が開かれて多くの著者が参入したら国民規模の文学世界ができるではないかというのが竹内の思いだった。

ないものねだりの希望のように感じられるだろう。しかしそれは竹内のはかない夢想だったといって終わらせていいものでもない。民衆の政治的高まりが政権を倒して、新しい政権を樹立するという政治闘争を日本人は体験しなかった。いまに至るまでない。後世に語り継ぐべき成功体験がないのである。そういう体験があれば文学の状況もずいぶん違うだろう。何より勝利した政治闘争の体験が国民歌としてうたい継がれたに違いないのである。

註

（1）『竹内好全集・第九巻』筑摩書房、一九八一年、一一二～一一三ページ。
（2）『竹内好全集・第八巻』筑摩書房、一九八一年、九八ページ。
（3）『竹内好全集・第九巻』二六七ページ。
（4）『亀井勝一郎全集・第六巻』講談社、一九七一年、三二七ページ。

第六章　疎外と自己実現

1　政治思想の三つのテーマ

戦争体験、管理社会、ダイバーシティ（多様性）

戦後の政治思想の特徴は、個人の自己実現を根底に置いて政治を考えるということが、ときの推移に従って多様化してきたということである。それは三つの段階を踏んで展開してきた。

第一は戦争体験の段階である。人びとは政治がひとりひとりの運命を力ずくでねじ曲げてしまうということを骨身にしみて感じた。政治権力の力はかつてなく強大になり、文明の作用を駆使して人びとをコントロールするようになるのではないか。そういう恐怖が思想の根底に存在していた。第二は管理社会と働き過ぎの段階。人びとは自分の生き方が発達した産業社会の中でベルトコンベヤーの上で動かされているように感じた。そして第三はダイバーシティ（多様性）の段階。人びとは障がいや人種や性別等々自分に原因がないことを理由にして政治が標準的な人生を阻害することを許さなくなった。二一世紀になって広がったダイバーシティ（多様性）、インクルージョン（社会的包摂）、SOGI（性指向と性自認）はいずれも個人の自己実現の自由を志向する概念であり、政治思想の今日的様相を最もよく物語っている。

管理社会の疎外と抑圧

一九六〇年代から七〇年代にかけての二〇年間は右の第二の段階に当たる。それは非常に大きな転換期だった。管理社会の抑圧とのたたかいは、政治の枠をはみ出して、文化や社会生活の領域での新しい挑戦というかたちをとった。管理社会を支える職場風土や家族のあり方や大衆文化やといったものがある。それを管理社会は再生産している。そういう職場風土や家族や大衆文化の多様な場面で、無数のチャレンジが起こった。そうして世代と性が抑圧の構造を持っているということが告発されたのである。それも突出した学生運動や女性運動のかたちをとるのではなく、流行歌やファッションやマンガの動きと共鳴し、性行動や結婚の実態と共鳴した。六〇年代末の若者は大人と違うファッションを求めた。男は長髪にGパン、女はミニスカートをはいた。ピンク・レディや山口百恵の歌声がウーマンリブのシュプレヒコールとともに若者の耳に響き、上村一夫のマンガ『同棲時代』と先鋭な学生運動に共感を示した『朝日ジャーナル』とがいっしょに若者の目に映ったのだった。

政治が自己実現を抑圧することを激しく告発したのはラジカルな学生運動だった。全共闘運動は短期間で終息したが、ラジカルな学生運動が退潮する間にも女性運動が起こり、やがてそれは今日に至るまでの息の長い大きな運動になった。「女の子はつくられる」「コンシャスネス・レイジング」「個人的なことは政治的なこと」など、フェミニズム運動はいくつもの印象的な標語を送り出し、人びとの政治的思考に大きな影響を与えたし、いまも与えている。

薬害エイズ問題と市民社会

政治は社会の先頭に立って自己実現に対する抑圧とたたかわなければならない。それがデモクラシーの責任である。抑圧とのたたかいの最前線は今日ではダイバーシティ（多様性）ということばで表現するのが適切だろう。ダイバーシティは障がい者、人種主義（レイシズム）、性的マイノリティ、貧困者にも及んでいて、今日ではそれぞれの分野で取り組みがおこなわれている。それぞれの分野での取り組みを見渡すと、やはりジェンダーの取り組みがいちばんしっかりした枠組みを持っている。といってもジェンダーの取り組みがめざましい効果を上げているという意味ではない。法律、条例、基本計画、施策、事業などの枠組みがしっかりしているという意味である。エンパワーメント、傾聴、インクルージョンなど、方法論も整っている。陣立ては充実しているが、達成はそれほどではない。

自己実現の権利獲得をめざすたたかいは、いつも市民社会でのたたかいが先行してきた。長いたたかいのあとやっと政治が重い腰を上げるということを繰り返してきた。薬害エイズ事件が問題化したのは一九八五年のことだった。厚生省はかたくなに責任を認めようとせず、八九年には血友病患者らが国と製薬会社に損害賠償を求めて訴訟を起こした。結局国が責任を認めて和解が成立したのは訴訟が始まってから一一年もあとの一九九六年のことだった。このとき菅直人厚生大臣が患者団体の前で直接国の責任を認めた。感動的な、すがすがしい光景だった。国が進んで責任を認めた。それは市民社会と国の関係の変化を象徴する大きなできごとだった。

デモクラシーとは自由な自己実現のための平等な機会を提供するように行動することである。これはデモクラシーの課題であり、超党派で取り組むべき問題である。保守も革新もない。

全共闘がとなえた「日常性の否定」

一九六〇年代末に爆発した学生運動は、戦後思想のひとつの極限形態を示した。全共闘がかかげた

「日常性の否定」、「自己否定」等の問題提起の根底にあったのは、個人の自律的な自己実現は、そもそも現代社会において可能かという問いかけだった。逆説的に見えるが、自己実現の可能性をとことんつきつめたら、その結果日常性の否定にたどりついたのである。

日常性の否定は、社会矛盾に気がついていながら反対の声を上げなかったら矛盾に加担しているのと同じだという論理である。それには政治にかかわるときは自己犠牲を覚悟すべきだという、戦前からの思想に通じる響きがあった。吉本隆明や谷川雁はノンセクトラジカルの若者に大きな影響を与えたが、ふたりの思考様式には苛烈なところがあった。吉本のいう「関係の絶対性」も谷川の「連帯を求めて孤立を恐れず」も、とことん自分を追い詰めることばだった。いかにも吉本や谷川のような戦中派にふさわしいことばである。敗戦時に二〇歳前後だった戦中派は、自分たちは戦争で死ぬだろうと覚悟していた。戦中派は「醜の御楯」「大君の辺にこそ死なめ」と若者を死に向けて駆り立てた軍国主義の怒号を聞いて育った。社会矛盾と国家権力に立ち向かうなら、それと同じくらいの覚悟をせよ、戦時中じっと沈黙していて、戦後になってのこのこ出てきて自分は戦争に反対して国家権力とたたかったなどというようないい加減な態度は許されない、というわけである。

というわけで日常性の否定ということばには、政治にかかわるときは自己犠牲を覚悟すべきだという響きがある。しかし日常性の否定には戦前のような国家のために自分をささげるべきだという意味はない。資本主義の論理、産業社会の論理に染まってしまった自分を洗濯して、本当の自分を取り戻すという意味だった。シモーヌ・ド・ボーボワールは「人は女に生まれるのではない、女になるのだ」と書いたが（『第二の性』）、全共闘運動には第二次フェミニズム運動と同じ思考があったのである。

ジェンダーと産業社会

資本主義（または産業社会）の何が問題とされたのか。第二次フェミニズム運動のターゲットは非常にはっきりしている。性によって生き方のモデルが異なるべきではない。そのひとことに尽きる。ターゲットはホモソーシャルな社会である。それに対して全共闘運動がかかげた日常性の否定はターゲットがかなりぼんやりしている。産業文明をターゲットにしていることは確かなのだが、そこから先がはっきりしない。それなら産業社会をどう変えるのかとなると、あまり明確なビジョンが語られた形跡はないのである。

とはいえ産業社会のとらえ方そのものには広がりと深みがあった。環境や平和から、ファッションの流行やマンガまで、社会構造と資本主義の動態から疎外され管理される人びとの人生まで、戦後二五年かけて高度経済成長を通じてつくり上げてきた社会のありさまを何とか総体としてつかまえようとする問題意識があった。その点まで視野に入れると最も代表的な思想家は見田宗介だといわなければならないだろうし、詩人の田村隆一や作詞家の阿久悠も加えたくなるが、そうなると収拾がつかなくなってしまう。次節では社会がどのようにとらえられたかをわたしなりにまとめてみたい。

2　産業社会の構造をどうとらえるか

自己実現の型——ライフ・チャンス

社会は、そのすべての構成員に自己実現の機会を提供することによって成り立つ。正確にいえば、多様な自己実現の「型」を提供している。ラルフ・ダーレンドルフのいう「ライフ・チャンス」である。[1]そしてこの「型」は、所与の社会の歴史的段階、とりわけ経済構造と社会構造とによって規定されている。とくに産業社会においては、分業の高度の発達によって、この「型」の種類がいちじるしく多様化し、同時に個々の「型」に適した人材を育成しリクルートするための制度がめざましく発達している。学校教育はその一例である。医者をめざすなら医学部に入れ、調理師になりたかったら調理学校に通えというわけである。

しかしそうはいっても、個人は社会が提供するすべての「型」を自由に選択する機会を与えられているわけではない。学歴、家庭、階級、人種、民族、宗教、地域等のさまざまの要件によって、その選択の幅は事実上制約されている。高等学校の成績が悪い生徒はいくら望んでも医者になることはできないだろうし、退職して子育てに専念している女性が職業能力向上のために学ぼうとしたら、その機会ははなはだ不十分である。機会は公平に提供されなければならないが、何が公平かとなるとそれを明らかにするのは一筋縄ではいかない。その点はアマルティア・センの研究が示唆している。

産業社会では、自己実現の「型」は、主として職業という形態をとる。そして、産業社会が発達するにつれて、大量の労働者と新中間層が析出した。雇用労働者の労働人口に占める比率が飛躍的に高まったのである。就業者に占める雇用者の割合は八九・六％（二〇二一年。総務省労働力調査）。一九六〇年代には五〇％後半から六〇％だったのだから非常にふえた。社会構造の大変動が起こったわけである。親の家業を継ぐとか、自営業の仕事につくといった人の割合は急速に縮小した。

こうして個人の自己実現という課題は、大量の労働者の自己実現の課題として、いっきょに社会的底辺を拡大されることになった。そして民主主義の基本をなす自由と平等は自己実現を課題として持つことになった。つまり民主主義とは人びとの自由な自己実現に対して平等な機会を提供することでなければならないという考えが広がった。ジェンダー平等はそれを最もよく象徴する分野である。

管理社会における疎外

六〇年代末の学生運動をもう少し見ておこう。

二〇世紀後半に至って、産業社会は個人の自律的な自己実現をいっそう充実させたであろうか。ラジカルな学生の答はノーだった。学生たちは、高度の分業社会において形成された分化した「型」を、自己実現の機会としてではなく、自己疎外の形態としてとらえたのである。彼らにとって、社会が提供する役割（職業）を選び取ることは、自律的な作業ではなかった。それは現存する資本主義的な社会分業システムの内部へ、強いられて同化適応することだった。

どういうことか。いまから見るとこじつけに思われるだろうが、ラジカルな学生の論理はこうだった。水俣で医療をおこなっている医者のところには水俣病の患者がやって来る。同じように環境汚染に蝕まれた患者がやって来たら、いつだって医者は治療する。しかし患者はどうなる。治療を受けてもとの環境に戻っていくだろう。そうしたら病気の原因になった社会問題はむしろ隠蔽されることになる。全共闘の活動家はそういう問題を取り上げて、医者が本当に医者であろうとしたら医者であってはいけないのではないかと問題提起した。それが自己否定の論理だった。

まだある。そもそも人は職業をどういう方法で選ぶだろうか。まず学校で勉強する。有名大学に進学するためには受験競争を突破しなければならない。そして自分の偏差値に見合った大学に進学する。職業を決めるのはそれから先のことである。どんな職業にも当てはまるというわけではないが、自分が望むような職業につくためには、まず学力を証明しなければならないのである。社会はそういう人生のコースを人びとに提供している。そういうお仕着せのコースを目の前にして、自分は自由な自己実現の機会を与えられているなどといえるはずがない。疎外の論理である。

それはわれわれの集団的治療だった――津村喬

産業社会の分業システムを維持するためには、高度の知識と技術を獲得した担い手がいなければならない。そこでかつてなく長期の教育がおこなわれるようになる。さらに教育システムの中で選別と競争が繰り広げられるようになる。個人にとっての自己実現の道は、同時に社会的な労働力大量配分の過程なのである。

短期的にもせよ、全共闘運動が全国の大学に広がったのは、個人の自己実現の問題を管理社会における疎外として受けとめたこの運動が、人生のモラトリアムの最終段階の年齢に達しつつあり、激烈な受験地獄をくぐりぬけたばかりの、あるいはそのさなかにある学生・高校生の共感を呼び起こしたからである。

当時の全共闘系の学生のこのような感覚については、津村喬が次のような発言をしている。

「社会が押しつけてくる生き方――権力側というべきか――があるじゃない。彼らが用意してくる空間、それにまともに対応していけば自閉症になるか、分裂症になるかしかないというぐらいのことが受験戦争のなかにあるわけよ、おそらく東大の連中なんてもっとそうだったと思うけど、早稲田の我々の場合でいえば、文学部なんて早稲田のなかでは一番落伍したというか、気楽な連中だけがきたので、理工とは少し雰囲気が違っていたけど、それにしてもまじめにやって出て、会社に入ってトントンと上っていくのだということがあってそれが正直耐えがたいというところがあったと思う。あとになってモラトリアム人間なんていうのがでてきたけれども、自分が社会が要請してくるものに答えて、自分の一生を決めてしまうことになんとか留保したいという感じがあって、なんとか自分の人生にストップをかけたいという気持が皆あったと思う。そのイメージを外に表わした時にバリケードになったという感じがあって、それはある意味では我々の集団的治療だった[2]」。

関係の絶対性と日常性の否定との違い

長い間、政治行動を支えてきたのは、自分の一身を顧みないという自己犠牲の倫理だった。これは幕末の志士たちでも、自由民権運動でも、戦前戦後の社会主義運動でも、みな同じだった。政治は命のやりとりになるかもしれない。身を捨てる覚悟がなければ、とても政治行動に踏み出す資格はないと、考えられてきた。もちろん戦後の革命運動でも学生運動でもその覚悟が求められたのである。

六〇年代後半の全共闘がとなえた「自己否定」や「日常性の否定」も一応そういう系譜につらなるのであるが、その実質はそれまでとはかなり違っている。彼らがとなえた自己否定は、必ずしも自分はどうなってもかまわないという意味でもなかったし、我欲を捨てて民衆のために尽くすという意味でもなかった。「関係の絶対性」ということばが意識されていたから、社会矛盾があればたとえ自分に不利なことがふりかかっても抗議の声を出さなければならないという考えは強かった。そういう意味があったことは否定しないが、実際にはせいぜいデモに出たら就職に不利になるかもしれないという程度だっただろう。

では何が自己否定なのかといえば、社会の中で知らず知らずのうちに身につけてきたものを捨てて本来の自分を取り戻すという意味だった。つまり疎外からの解放である。そしてその意味は同時期の女性解放運動がとなえたコンシャスネス・レイジングとほとんど同じだった。女はつくられるというが、そんなことをいえば男だって同じだということになる。この点で吉本のいう「関係の絶対性」と全共闘の「日常性の否定」は決定的に違っていた。両者は似ているようでいて、違っていたのである。

3　見田宗介

六〇年代七〇年代の疎外論

六〇年代中ごろから七〇年代末にかけて、「疎外＝解放」は思想界を動かした最も大きな問題軸のひとつだった。疎外とは人間がつくった制度によって逆に人間が抑圧され、人間本来のありようを失ってしまうことである。その内容はユルゲン・ハーバーマスが『晩期資本主義における正当化の諸問題』で巧みにあらわしている。疎外が疎外として認識されないほど深い疎外が進行しているのだというとらえ方である。

疎外が疎外として認識されないというのは、疎外されている当人に疎外されている自覚がないということである。症状はあるが、何が原因なのかわからず、いらだったりお門違いの方向にぶつかったり、自分を攻撃したりするという状態であれば、まだしも疎外が意識されているといえる。自覚症状があるのだから。ところが本人はいたって真面目に考えもし誠実に行動もしているが、さらにそのことに満足さえしているが、本当は深刻な抑圧にさらされているという人がいて、そのことにほとんどの人は関心も同情もない。そのときには疎外は疎外としてあらわれない。

そういう構造について巧みに腑分けしてみせたのが見田宗介だった。『展望』一九七三年五月号に発表された「まなざしの地獄」で、見田は大都会に流入してきた若者たちを郷里からも都市からも「二重にしめだしを食った」存在として描いてみせた。見田が取り上げたのは一九六九年に逮捕された連続射殺犯のN・N（永山則夫）だった。N・Nは六五年、青森県の中学校を卒業して集団就職で上京、渋谷のフルーツパーラーで働き始めた。やがて店を辞め仕事を転々としたあげく交番を襲って銃を奪い、その銃で殺人を犯す。広域射殺魔として日本を恐怖に陥れた犯罪だった。

郷里におけるN・Nは、極貧の家庭に育ち、学校ぎらいの少年だった。N・Nは郷里に対して深い憎悪の感情を抱いていた。見田はこの点に関して、確認しておかなければならないことがある、と書いている。それはこうだ。

「N・Nのかくも憎悪した家郷とは、共同体としての家郷の原像ではなく、じつはそれ自体、近代資本制の原理によって風化され解体させられた家郷であること、いわば〈都会〉の遠隔作用によって破壊された共同体としての家郷であったことである[3]」。

見田のこの文章は、松下圭一（大衆国家論）や羽仁五郎（『都市の論理』）や加藤秀俊（中間文化論）や、もう少しさかのぼると大塚久雄らとは、異なる歴史像を浮かび上がらせている。見田宗介も松下や大塚も思想的には似たような陣営に属するといっていいだろうが、松下や大塚らによれば、前近代的な共同体は近代日本が抱え込んだ克服しがたい病巣だった。だから彼らは、日本の根本的な課題は何よりもまず遅れた共同体を解体することだと考えた。ところが見田にとっては、共同体の解体こそ近代日本が直面している矛盾の極点だったのである。

まなざしの地獄

資本主義は都市に新しい人間を大量に析出した。この人たちは、かつて大塚久雄が期待したような自立したたくましい存在にくらべると、かなりたよりない相貌を持った「大衆」だった。しかしそうであっても、この大衆はまがりなりにも新憲法感覚の担い手であり、新しい市民たることが期待される社会層だった。そのことを強調したのが松下圭一である。

見田はその陰画ともいうべき見取図を描いてみせる。いまや資本主義による一般的支配が貫徹していく時代なのであり、人びとは人生の隅々まで資本主義とそれにあやつられた国家によって管理されている。人と人との共同性や連帯、親密な結合と共感は、その社会的基盤とともにこなごなに打ち砕かれてしまった。人びとは根こぎにされデラシネとなり、内面を深ぶかと疎外されている。

N・Nは東京に出ることに希望を託していた。東京で新しい人生の出発をしようと若い胸をふくらませていた。崩壊した〈家郷〉の嫌悪すべき悲惨から何とかして脱出したいというN・Nの、その脱出の行く先が都会だったことは、N・Nの少年らしい純真な願望そのものをそうあらしめている社会機構のメカニズムの残忍さを物語っているのだ、と見田は語る。

なぜなら農村という〈家郷〉は、日本の近代化の歴史の中で、いつも都会のために、つまり都市に存在する資本主義のために、安価で従順な労働力をだまって供給しつづけてきたからだ。しかもいまN・Nがそうであるように、〈家郷〉を離れた少年たちは脱出の希望にあふれて都会へ出て行く。収奪が待ち受けていることも知らずに。

都会の側でもこうして流入してくる少年たちを歓迎している。しかし都会が彼らを歓迎するのは、彼らが新鮮で廉価な労働力だからであって、希望に生きようとする純朴な意志を持っているからではない。ここに二重の収奪がある、と見田はいう。彼らはたんに労働力を収奪されるだけでなく、アイデンティティそのものをも容赦なく収奪されるのだ、と。

アイデンティティを収奪されるとはどういうことか。都市に流入した少年たちは、履歴書とか戸籍謄本とか身なりとか方言とか、そういう表層性によって、どういう人間かを決められてしまう。表層性によってひとりの人間の総体を規定してしまうことを、見田は「都市のまなざし」と名づけた。都市はそのようにして、ひとりの人間のアイデンティティを収奪してしまうのだ。

資本主義によって解体された共同体の破片

やがてN・Nは職業を転々とするようになる。ポール・モールの煙草を吸い、大学生の肩書を偽造した名刺を持ち歩くようになる。ついには殺人を犯してしまう。見田はN・Nを通して描き出そうとした日本社会の像を次のように書いている。

「資本主義は、解体された共同体の破片の中に、点々とまだらに、しかしおそろしく濃密な貧困と疎外の部分を残していく。むかしのまずしい日本の村々では、やしなうことのできない生命を未然に殺すために、まびきが行われ『びっき林』が存在し、うばすてがなされた。いま都市は手を汚さない。破片となった共同体の疎外は、都市のただ中をあてどもなくさまよい、その中で、自発的にいけにえをえらぶようにしむけられるだけだ」(4)。

見田が描き出した資本主義の疎外は、きわめて濃厚な貧困によって象徴されている。高度成長によってもたらされた豊かさが、ここかしこに新しい社会現象を生み出していたときに、である。そう考えると見田宗介は資本主義のうしろ姿を、その最も無慈悲な位相に焦点を当てつつ映し取ったのだといえる。その意味で見田の手法は、大塚久雄や川島武宜らが日本社会の後進性を、その最も奥深いところですくい上げてみせたのと似ていなくもないのである。

見田宗介には真木悠介という筆名の著作もあって、こちらでは疎外の理論が存分に展開されている。真木（見田）は資本主義も社会主義も疎外の形態なのだと論じている。市民社会をモデルとして制度を動かせば独占資本の支配が管理社会を生み出す。他方、コンミューンの理念にもとづいて社会機構をつくれば官僚制支配が生み出されてスターリン主義に行き着く。どちらにしても自己疎外に帰着するのだという。『人間解放の理論のために』には次のような文章が見える。

「〈共同態〉モデルの社会構造において、『溶融集団』の理念がみずから官僚制支配の現実として実現してしまうという逆説的な自己疎外の論理は、あたかも〈市民社会〉モデルの社会構成において、『自由な競争』の理念がみずから独占支配の現実として実現してしまうのと同様に逆説的な自己疎外の論理を思いおこさせる」[5]。

4　庄司薫『赤頭巾ちゃん気をつけて』

顕在化する都市と農村の格差

一九五〇年代六〇年代、日本は急速な経済成長をとげた。都市化が進み、都市と農村の落差が顕在化した。春日八郎が歌った「別れの一本杉」は「かならず東京へ着いたなら／便りおくれといったひと」と、都鄙《とひ》感覚を訴えた。「別れの一本杉」は一九五五年にリリースされ、数年間にわたる大ヒットになった。このころに都市人口は大発展した。田舎に残るあと継ぎの長男が、都会に出て行く弟や妹をうらやましく思う時代になった。

都市に流入しつづけた人びとは、未来への希望を抱いていただろう。しかしよそよそしさ、共感の欠如、孤立、人間関係の表層性が、つまり都会の偏見が都市に出てきた人びとを苛んだ。東京都庁には「流入青少年問題」を扱う部署ができた。中学を卒業して集団就職したり、高校卒業後就職で上京したりして、多くの若者が東京に流れ込んだ。都会はよそよそしいからなかなか慣れない。若者たちの中には職場とうまく合わず転職したり非行にはしったりするものもあらわれる。それは「流入青少年問題」と呼ばれた。

一般に都市人口が爆発的に増加するとき、地方から出てきた多くの人口を呑み込んでふくれ上がる。そして流入する人口は都市の最底辺層をかたちづくる。それは発展途上国に典型的に見られる現象でむき出しにしていたとき、薫くんは米帝（アメリカ帝国主義）やサルトルについて軽々と考えてのけ、なった。薫くんは大学に進学するのをやめようと心に決める。Ｎ・Ｎが呪詛し都会に対する敵愾心を者数第一位を誇った都立日比谷高校三年生である。この年、東大闘争のために東大の入試が中止に

　しかし内容は必ずしも軽くはない。文体が軽いのは一種の韜晦《とうかい》なのだ。薫くんはそのころ東大進学

つぶやくような茶目っ気のある高校生である。

ような、軽妙な文体で書かれている。主人公の薫くんはしょっちゅう「舌噛んで死んじゃいたい」と一週間も違わない。『赤頭巾ちゃん気をつけて』はサリンジャーの『ライ麦畑で捕まえて』に通じる『中央公論』一九六九年五月号に掲載された。Ｎ・Ｎが逮捕されたのは四月であったから、ほとんど

　「まなざしの地獄」と同じ時期に庄司薫の『赤頭巾ちゃん気をつけて』が発表された。こちらは

生まれるなどということは滅多にない。

しない。大学入学組は将来を期待されている。しばしば一族の輿望《よぼう》を担う存在である。極貧の家庭に流入人口であっても、笈《おい》を背負って都会に出てくる有名大学生と就職上京組とでは、住む世界が交差

　ところで大都会には有名大学が集まっている。そこに全国の成績優秀な若者が入学する。同じ若い

都会の高校生『赤頭巾ちゃん気をつけて』

いわば見えざる第三世界が形成されたのである。

としてやって来た中年男たち、彼らは大都市の底辺に繰り入れられた。こうして大都市の底辺には、ある。しかし戦後日本も例外ではなかった。中高校卒で就職した若い人たち、農閑期に出稼ぎ労働者

銀座の本屋で女の子がグリム童話を買うのに付き合い、タクシーで帰宅してからガールフレンドに会い、大学進学をやめたと告げるのである。

交差しないN・Nと薫くん

N・N（永山則夫）は一九四九年生まれ、東大の入学試験が中止になったのは一九六九年だから、薫くんはたぶん一九五〇年生まれである。年齢は一歳しか違わない。しかし何という違いだろうか。逮捕されたとき、N・Nの所持品はロレックスの腕時計、ロンソンのライターなどなど、舶来ブランド品だった。それは都市のまなざしを浴びて自分を演出するための小道具だった。N・Nは仲間の土木作業員にみせびらかす。するとか飯場のおかみさんは「あんたただものじゃないね」とさぐりを入れる、といった具合だ。薫くんは舶来ブランドを持たない。セーターにGパン、スニーカーをはいている。何という違いだったろうか。

本書のこの節のテーマからいえば、疎外されているのはだれかということになる。答えは明らかだ。どちらも疎外されている。N・Nはうすうす疎外に気づき、従順の皮をかぶって雇い主や顧客に取り入ることをやめようとする。やめる。薫くんは大学受験から降りる決心をする。それで本当の自由が手に入るかも知れないとぼんやりした期待が胸にある。薫くんもうすうす疎外に気づいている。

ただし、である。今日の読者は両方とも疎外されているのだといったまとめには到底満足できないだろう。それは認めなければならない。そうはいっても、当時の思想界では両方とも疎外されているのだというとらえ方に確かな真実味があった。真木悠介は市民社会とコンミューンというふたつの理念を取り上げ、そのどちらもが疎外に帰結すると論じた。薫くんは市民社会の優等生で、受験をはじめ競争に勝ち抜く能力が高い。だから従順に生きるつもりさえあれば何ひとつ不自由のない身の上である。だけど市民社会は管理社会へと自己疎外する。そのことに薫くんは感づいている。疎外に巻き込まれる気はない。だから競争から降りる決心をしたのである。

5　豊かさのパラドックス

高度成長期の企業と管理社会

一九六〇年代に日本は高度経済成長をとげ、押しも押されもしない経済大国になる。六〇年代は、まるで国をあげて経済発展に向けて邁進しているような社会的雰囲気だった。一九八〇年代になると思想界でも日本賛美の声が聞かれるようになるが、七〇年代の思想界で有力だったのは管理社会論や疎外論だった。要するに資本主義批判である。資本主義批判と戦争の反省と日本は遅れた社会だという認識と、その三つが相まって批判的な日本社会論を形成していた。ろくに戦争の反省もしないまま、戦前の「滅私奉公」がずるずると企業に引き継がれている。会社は社員をまるで兵隊のように扱っている。企業戦士ということばがあった。それどころか社畜ということばさえあった。前近代的な思考や慣習が根強く残っている。政権政党の政治家は、教育勅語は良かった、天皇主権に戻ろうなどと、戦前を懐かしむような発言をする。そういう風土の上に資本主義が社員を管理し、社員の家族を統制し、社会的雰囲気をつくっている、というわけである。いまと違って保守派がしっかりした社会理論を持たないこともあって、知識人たろう者が自画自賛の日本肯定論など説こうものならたちまち批判の集中砲火を浴びたものである。

木下律子『王国の妻たち　企業城下町にて』(径書房、一九八三年)は大企業に勤める夫を持つ妻たちの息詰まるような生活をレポートしている。ある企業では人事課が妻たるものの心得をまとめて研修会を開いた。心得箇条の中には、夫の帰宅が遅くても焼き餅を焼くななどという項目もあった。妻が社宅でお稽古事の教室を開くと、会社はそれをやめさせるよう夫に手を回した。結婚式に夫婦で招待されたときには海外赴任した夫の代わりに同僚が出席する制度があったり、などなど。至れりつくせりのおせっかいだった。

いまならプライバシーの侵害になろうが、年上の世代にとってはそれこそ家族的情味あふれる制度ということだったのだろう。源氏鶏太の『三等重役』は一九五一年に書かれた。戦後民主主義もののユーモア小説なのであるが、王国の妻たちの生活はそこに描かれた家族的情味の延長に置かれていた。まことに息苦しかっただろうと思われる。しかし企業の側は大真面目だった。社員が企業戦士なら、会社は戦士たちの家族を手厚く庇護しなければならない、というわけである。

管理社会の中で考える自由とは何か?

六〇年代後半から七〇年代前半にかけての、疎外論や管理社会論に共感していた若い知識層の認識は次のようなものだった。いちおう自由な社会だということはわかっている。建前のうえでは自由な社会であり、それを本当に自由な社会に変えようとたたかうことも許されている。許されているどころか暗々のうちではあれ推奨されている。戦前の日本とは大いに違うのだ。だが実感はといえば、自由のようで、それでいて息がつまる。息がつまるおかしな自由だ。大学進学をめざす高校生は受験競争に駆り立てられて長時間机に向かっている。高校生活はハイスクールでなく灰スクールといわれる。大学四年間つかのまの自由を満喫しても、就職したら来る日も来る日も、ナイントゥファイブとところかセブンイレブンの日常が定年までつづく。宮仕えは気を使うことばかりだ。といったところだろうか。津村喬の発言が身にしみただろう。

自由は憲法に書かれたらそれでいいというものではない。賀川豊彦がいうように人間関係をつくる自由。それが本当の自由なのだ。お馬にまたがるのはいい。でもそれを天馬と勘違いしてはいけない。

そうなると本当の自由を測る尺度がなければならないということになる。ところが何が本当の自由を測る尺度なのかとなると、一筋縄ではいかない。賀川豊彦のいう自由が本当の自由だとしたら、真っ先に浮かぶのは、結婚と離婚、自分たちらしい子育て、家庭内の役割分担だろう。家庭生活こそ、最も自分の自由な意志が働く空間であり、だから夫婦のつながりが自由につくられるからだ。その場面においてどちらか、または両者ともに自由でなかったら、その社会の自由度は相当に低いといわなければならない。親のすすめる相手と渋々結婚しなければならないとしたら、そんな社会は自由な社会とはいえない。大勢の妻が夫の顔色をうかがってびくびくしていたら、そんな社会は自由ではない。

結婚、起業、アサーション——自由の条件

その次に思い浮かぶのは起業である。脱サラして事業を起こす。そのハードルが高いか低いか。NPO活動やボランティア活動が盛んかどうか。自営業者が誇りを持っているかどうか。いわゆる士業の人たちだけがかろうじて誇りを持っているのではないか。フリーランスの働き方に対するあこがれはあるか。ミニ政党やシングル・イッシュー・パーティーが、ときには政界に新風を起こしているか、などなど。人びとが自由に事業を起こしているかどうかは、その社会の自由度を測る大事な物差しだ。

第三に、偏見や差別を修正する回路が作動しているかどうか。偏見差別をなくすためには、まずは当事者が声を上げることである。そしてまた当事者の声に耳をかたむけることである。当世のことばでいえばアサーションと傾聴である。傾聴ということばは一九七〇年前後には知られていなかったが、それとセットになるべきアサーションの試みが始まっていた。いちばんインパクトがあったのは田中美津の『いのちの女たちへ　とり乱しウーマン・リブ論』（田畑書店、一九七二年）である。女性運動のコンシャスネス・レイジングも学生運動の日常性の否定も、一種のアサーションだった。

大知識人の時代の終焉

疎外とのたたかいと自由な自己実現への希求は、思想の存在様式にも大きな影響を与えた。一九六〇年代前半ごろまで知識人と実社会の間には距離があった。良きにつけ悪しきにつけ、社会科学は批判理論としての役割を果たしていたのである。カール・マンハイムのいう自由に浮動する知識人、知

識の存在被拘束性からの自由、そういう観念が知識人の風格をかたちづくっていた。人びとは自由に思考することができる人として知識人に一目置いていたのである。

知識の存在被拘束性といえば、それまでだったらまずは階級を思い浮かべた。社会的立場や利害関係が、人間の意識を根本から拘束しているというわけである。そこから自由であることが知識人の条件だった。ところが学生運動が七〇年安保反対から大学解体へとシフトするにつれて、敬意を払うべき知識のあり方についての価値観が劇的に変化し始めた。知識とはありふれた日常性に対する感受性のことではないか。恋愛、女らしさ、社会人の常識などなど、そういったものこそ知識の存在被拘束性の根底にひそんでいるのではないか。わたしは学生時代、著名な教授たちの堂々たる講義を聴きながら、ときどき、授業に退屈したときに、先生は料理をつくったり食事のあとお皿を洗ったりしているのだろうか、ということが気になったものである。

『豊かさのパラドックス』

日常性にうずもれた感受性、それをあばきたてることはすぐれて政治的な営みだ。一九七〇年ごろから政治についての認識は新しい方向に変わり始めた。自由に浮遊している人間には日常性の裏側にひそむ問題はわからないのではないか。

一九七〇年代、わたしは二〇代だった。政治的なことについての観念は、わたしの中でも変わり始めていた。山内百恵やピンク・レディを聞いていてさえ、わたしは変革の予兆を感じていた。もじもじとタタミに指で「の」の字を書くような恥じらう女ではなく、挑発する女、自己主張する女、品定めする女、本当はそんな異性が好きなのだとそれまで知らなかった自分を見つけていた。演歌の女ではなくポップスの女である。たぶんわたしはそこに、親の反対を押し切って学生結婚に踏み切った自分の姿を投影していたと思う。自己主張する女でなければ、親の反対を押し切って自分といっしょになってはくれない。というわけで、わたしは『豊かさのパラドックス』（講談社現代新書、一九八六年）を書いたとき、管理社会からの出口は恋愛だと書いて締めくくった。本気で書いたのだが、編集を担当していただいた鷲尾賢也氏はお気に召さなかった。鷲尾氏はわたしを目の前において、恋愛かあ、とため息をついたものである。

註

（1）ラルフ・ダーレンドルフ『ライフ・チャンス——「新しい自由主義」の政治社会学』吉田博司訳、創世記、一九八二年を参照のこと。

（2）津村喬編『全共闘——持続と転形』五月社、一九八〇年、二九ページ。

（3）見田宗介『現代社会の社会意識』弘文堂、一九七九年、四〜五ページ。

（4）同右、五三ページ。

（5）真木悠介『人間解放の理論のために』筑摩書房、一九七一年、一七八ページ。

第七章

新しいステージへ——業績保守主義の台頭

ジャパン・アズ・ナンバーワン　先進国日本

1　思想の潮目が変化

エズラ・ヴォーゲルのジャパン・アズ・ナンバーワン論

一九八〇年代になると日本肯定の主張が台頭した。そして思想の潮目が変わった。

エズラ・ヴォーゲルの『ジャパン・アズ・ナンバーワン　アメリカへの教訓』が刊行されたのは一九七九年のことだった。この本でヴォーゲルは、近代の日本社会はめざましい発展をとげた、それを可能にした社会構造は、欧米とは異なるタイプの自由民主主義的なシステムなのだと主張した。

一九七〇年代に世界経済は、七三年と七八年の二度のオイルショックに見舞われた。七八年のボン・サミットでは日独機関車論がとなえられるなど、オイルショックを乗り越えて、日本経済は押しも押されもしない経済大国として認められるようになった。ジャパン・アズ・ナンバーワンの主張が登場したのはちょうどそのころのことだった。

日本の社会科学者の間で、日本社会が強固な岩盤を持った産業社会であると認められ始めたのは、七〇年代の二度のオイル・ショックを経てからあとのことだった。それまで、日本経済はたしかに奇蹟的ともいうべき稀に見る急成長をとげてきたが、それは一ドル＝三六〇円の為替レートはじめ、有利な条件に保護されてのことだと考えられていた。だれもが日本経済の真の実力をそれほど信用していなかった。名だたるエコノミストもである。だから二度のオイル ショックのとき、エコノミストを支配したのは、今度こそ奇蹟は終わったのだという暗い悲観論だった。

ところが、世界経済が不況の色を深めていく中で、日本経済は二度ともいちはやく回復基調に向かった。そうして、不況克服のけん引車としての役割を、日本と西ドイツに期待するという日独機関車論や、それに米国を加えた三つの機関車論が登場した。日本は押しも押されもしない経済大国になったのだという実感が、人びとの間に広がっていったのはそれから以後のことである。しかもそのうえ、八〇年代になると、自動車や先端産業部門を戦場にして、日米・日欧経済摩擦が激化する。日本の経済力があまりにも強くなったゆえに、欧米諸国からのやっかみ半分の批難にさらされることになる。一九七九年には欧州共同体（ＥＣ）の内部文書に日本人を「うさぎ小屋に住む働き中毒」と形容した文言があった。

日本社会を前近代的と見る主張は後退した

このころさまざまなかたちで日本肯定論が登場した。ジャパン・アズ・ナンバーワンということばはそういう論調をまとめて代表するような役割を果たした。一九七〇年代中ごろまで知識人のほとんどは日本は欧米先進国に比肩し得ないと考えていたから、ジャパン・アズ・ナンバーワンの主張が登場したころはまさしく転換期だった。敗戦後三〇年以上経って日本人はようやく劣等感を克服したのである。そして同時にそれは過去の侵略戦争に対する悔悟の念がうすらいだ時期でもあり、文学者が自分の戦争体験を語らなくなった時期でもあった。この時期、つまり八〇年代中ごろに、中曽根内閣が「戦後政治の総決算」を標榜した。

一九七〇年代中ごろまで、日本社会は遅れている、前近代的な要素を引きずっているという考えが主流だったものである。経済は大企業部門と中小企業部門の二重構造になっている、労働組合は産業別ではなく企業別になっている、生産性や技術力も劣っている、家族のあり方も封建的なところがあるなどなど、いろいろな点で日本社会は欧米先進国とは異質で、歪みを伴っているのだと考えられていた。それにしても戦後日本はめざましい経済発展をとげたのはなぜか。それは為替レートが一ドル三六〇円と実体経済にくらべて非常に安く設定されたからだ、といった議論がおこなわれた。

2　SSM調査の衝撃

社会階層と社会移動

一九七〇年代後半から八〇年代前半にかけてといえば、わたしが大学を卒業し研究者としてよちよち歩きを始めたころのことである。そのころSSM調査という社会学の研究手法を知った。SSMとは社会階層（social stratification）と社会移動（social mobility）の意味で、SSM調査は大規模な調査をおこないその結果を統計的手法によって分析しようとするものだった。それはそれまでの進歩派の著作からは知られなかった手法だった。

社会移動と社会階層についてかんたんに説明しておこう。まず社会移動だが、農業から専門職へ、専門職から自営業へといったように社会的立場が変わることを社会移動という。世代間社会移動とは何かというと、父親と子どもの社会的立場が違うことをいう。親が資本家だと子どもも資本家、親が労働者だと子どもも労働者という場合、世代間社会移動がないということになる。それが階級社会である。階級社会は世代間社会移動が小さいのであるから、世代間社会移動が大きいということはそれだけ機会が開かれているということだといえる。世代間社会移動はその社会がどの程度自由な社会であるかを示す重要な指標だといってよい。

次に社会階層であるが、こちらは不平等のありさまをあらわす概念である。ただし不平等というとよく思い浮かぶように、社会は上中下のお鏡餅型になっているものだという考え方はとらない。階層を測る尺度は複数あり、ある尺度では階層的地位が高いが、別の尺度では低いということがあり得るという考えに立っている。所得が高くても学歴が高いとは限らないというわけである。所得が高ければ学歴も高いという構造になっていれば、社会はお鏡餅型の不平等のかたちになるだろうが、必ずそうなるとは限らないというわけである。

地位の非一貫性

社会は価値を配分するシステムである。いろいろな価値が配分されている。たとえば所得という価値、財産という価値がある。所得も財産も経済的価値であるが、配分されるルールはかなり違う。だから財産が多いからといって所得が高いとは限らない。勢力や職業威信という価値がある。勢力とは人びとに影響を与える力である。職業威信とは職業に伴う社会的地位のことである。たとえば医者や裁判官の職業威信は高い。教師はそれほどでもないだろう。勢力と職業威信は政治的価値といっていいかも知れない。また学歴や生活様式という価値もある。学歴は説明するまでもないであろうが、生活様式は少しわかりにくい。生活様式とは海外旅行をするとか、ゴルフや観劇をするといった文化的な楽しみを持っているということである。学歴と生活様式はいわば文化的価値である。

日本のSSM調査は一九五五年に始まり、その後一〇年おきに実施されてきた。その第三回調査までの結果をまとめた富永健一編『日本の階層構造』（東京大学出版会）が出版されたのは一九七九年だった。日本は世代間社会移動が大きいこと、社会階層とは階級と違って社会を複数のブロックの集まりとしてとらえるのではなく所得や職業威信や学歴など複数の尺度のそれぞれによって格差を調べるものであること、地位の非一貫的な人が非常に多いことなど、わたしは目からうろこが落ちる思いで本を何度も読み返したものだった。

地位の非一貫性というのはどういうことかというと、ある尺度では高い階層的地位にあるのに他の尺度では階層的地位が低いという状態のことである。たとえば所得は大きいが学歴は低いといった状態のことである。日本では中間層がふくれているというが、文字通り階層的地位が中位にあるという中間層が大きいわけではない。つまりどの尺度を取っても中位という人は少ない。そういう意味での中間層は非常に小さい。所得は高いが学歴は低いとか、職業威信は高いが所得は低いといった、地位が非一貫的な人びとが非常に多い。それが『日本の階層構造』の分析だった。

成熟した大衆社会では人びとは地位の非一貫性に満足する

わたしはなるほどと思った。そして自分がいま現在暮らしているのは大衆社会だが、いまの大衆社会は地位が非一貫的になったら不平不満が蓄積するのではなくて、不平等と不平等が打ち消し合って、何となくの満足が広がるのではないかと考えるようになった。二〇世紀前半だったら、地位が非一貫的になったら人びとは強い不平不満を覚えたのである。地位が非一貫的になった人びとの不満が爆発したらたいへんなことになる。第一次大戦後のドイツにおけるナチス台頭はその一例である。

ところが一九八〇年代の日本社会は、間違いなく大衆社会ではあるけれども、不平不満が社会不安を引き起こしていない。それどころか中流意識がかつてなく広がっている。不平不満どころか人びとは満足しているのである。この点はかつての大衆社会と決定的に異なる点ではないか。そう考えたわたしは「成熟した大衆社会」という概念を思いついた。二〇世紀前半にオルテガ・イ・ガセーが使ったような意味での不平不満が渦巻く大衆社会ではなく、保身的かつ自己肯定的な意識が蔓延している大衆社会である。そこでは地位の非一貫性は不満に結びついていない。ある尺度で階層的地位が低くても他の尺度で階層的な地位が高ければ、いわば不平等と不平等が打ち消し合って現状肯定の意識をつくり出すのではないか。わたしはそう考えた。そしてそういう社会を「成熟した大衆社会」と呼ぶことにしようと考えた。成熟した大衆社会は前章で述べた発達した産業社会のもうひとつの顔である。

大きく進化した保守思想

『日本の階層構造』から、わたしは多くのことを学んだが、ちょうどそのころエズラ・ヴォーゲルのジャパン・アズ・ナンバーワン論が登場するなど、日本賛美の議論が次つぎと登場した。その中でもイエ社会（村上泰亮・公文俊平・佐藤誠三郎）、新中間大衆（村上泰亮）、間人主義（濱口恵俊）などは、いずれも学問的な方法にもとづく研究で日本社会の発展を支えた原因をつき止めようとするものだった。

この人びとの登場で戦後の保守主義は面目を一新することになる。それまでの保守主義者には人間性の洞察はあってもしっかりした社会認識はなかった。社会科学は進歩派の独壇場だったのである。だから山崎正和のような発言が飛び出したわけであるし、丸山眞男が『日本の思想』の中で小林秀雄の思想を「実感信仰」と名づけたのもそこを突いたものだった。

それまで日本の社会科学は日本の前近代性を強調していた。そして戦後啓蒙派もマルクス派も、そういう認識に立って議論を展開していた。それに対して富永健一や村上泰亮らは、日本を前近代的と決めつけるのは間違っている、ＳＳＭ調査のようなしっかりした手法で研究すれば、日本社会の近代的な側面が浮かび上がるではないかと主張したわけである。

村上泰亮のインストルメンタルな価値群と大塚久雄の近代的人間類型

マルクス派はともかく、戦後啓蒙派とこれらの人びとの間に決定的な対立があったわけではない。たとえば村上泰亮は『新中間大衆の時代』の中で、人間の価値観をインストルメンタルな価値群（勤労を支える価値群）とコンサマトリーな価値群（消費や楽しみを支える価値群）に大別し、コンサマトリーな価値群の登場を新中間大衆の特徴としている。この村上の主張は戦後啓蒙派の大塚久雄が提唱した「近代的人間類型」と矛盾するものではない。近代的人間類型とはまさしくインストルメンタルな価値群を体現する人間像だった。近代的人間類型にはコンサマトリーな価値群に当たるものはないが、大塚久雄にそれを求めるのは無理である。大塚久雄が一九四〇年代後半に近代的人間類型を提唱したときには日本は貧しくてとてもコンサマトリーな価値群など考慮する余裕はなかったのである。ちなみに大塚の「近代的人間類型」論を、硬直したマルクス主義者は「近代主義」というレッテルを貼って激しく攻撃したのだった。

村上はコンサマトリーな価値群が肥大化して、インストルメンタルな価値群の力を脅かすことを危惧していた。これはダニエル・ベルの『資本主義の文化的矛盾』やヨゼフ・シュンペーター『資本主義・社会主義・民主主義』の、資本主義は成功するとその成功を支えた価値観を掘り崩すといった議論と軌を一にする主張だった。大塚久雄は勤勉に働く価値観と社会公共のことがらに対する関心を持つ人びとをつくらなければ日本の近代はないと危惧していた。大塚も村上も、業績主義的な価値観を持つ人間が分厚く存在していなければ発展は覚束ないと考えていたのである。両者の主張に対して保守とか進歩とかという色分けをするのは本当は適切ではない。業績主義的な価値観を重視するという意味で、戦後啓蒙派とこれらの人びとは一致している。階級と労働者の団結を第一にかかげるマルクス派がここでは立場が一致しないのである。

3　自由に対する視点の弱さ

政治的な色分けに対するわたしの不満

経済学者の飯田経夫は日本経済の実力を高く評価した人で、日本人はエリートばかりでなく一般の労働者も勤勉で責任感がある。それが経済発展に成功した原因だと述べた。きちんと業績をあげることを重要視する価値観が末端の労働者にまでいき渡っていること、そのことが社会を発展させるというわけである。

わたしは富永健一、村上泰亮、山崎正和、飯田経夫らの著書をよく読んだ。彼らは新しい知見に富み、時代をよくとらえていた。わたしはなるほどなるほどと肯きながらも、しかし当時の全般的な思想状況には不満だった。彼らは戦後啓蒙の系譜を引く進歩派に対して案外攻撃的だったことも不満だったし、進歩的知識人が彼らをあまり歓迎しなかったことも不満だったのである。

学問的論争としてわたしの記憶に残っているのは新中間層論争である。岸本重陳『「中流」の幻想』が出たのは一九七九年のことだった。しかし対立は学問的論争にとどまらなかった。方法論上の対立の尻馬に乗って、戦後民主主義の虚妄論のような議論をしかける有象無象がいたし、まるで軍国主義の復活であるかのように騒ぎ立てる有象無象がいた。本当はあなたがたは同じ陣営にいなければならないのではないのか。松下圭一と村上泰亮の主張が違うのはもちろんだが、そんな違いなど取るに足らないではないか、あなたがたと全然違うのは右翼とマルクス主義ではないかとわたしはいいたかった。

違いは取るに足りない、といったらやはり言い過ぎではある。新たに登場した知識人たちには産業文明に対する漠然とした信頼の感覚があった。産業社会は、格差・不均衡・支配・一元化・搾取・疎外といった一連のことばによってでなく、平等化・均衡・多元性・差異・自由・自己実現といったことばで形容するのがふさわしいという主張が響いていた。戦後啓蒙派の知識人の主張からそういうニュアンスがのっけから伝わってくることはまずなかった。産業組織を牛耳っているエリート経済人や官僚に対する手厳しい批判、ナイン・トゥ・ファイブどころかセブン・イレブンで働かされているサラリーマンに対する同情と批判、劣悪な都市環境のもとで子育てを強いられている母親に対する支援、といった主張が響いていた。違いはあったのである。しかしそれは一九五〇年代の保守と革新の違いではなかったし、ましてイデオロギーの違いでは断じてなかった。

感情的な戦後民主主義虚妄論

だが実際にはイデオロギー対立の余塵がくすぶっていた。余塵どころではない。火勢はけっこう強かったのである。おそらくその直接の原因は六〇年代末からの学生運動の先鋭化だっただろう。一九九六年に進歩的知識人の旗頭だった丸山眞男が他界したとき、マスコミは総じて戦後民主主義の支柱が姿を消したという穏当な追悼の論調だった。しかし中には激しい批判の署名入り評論も紙面を飾った。「進歩派の自己特権化促す」「西欧側に身を置き日本の後進性を批判」といった見出しのもとに、学生たちによって研究室を荒らされた丸山が、ナチスもこんなひどいことはしなかったとつぶやいたことをわざわざ引き合いに出し、それを貴族ぶった言動と決めつけて批判した文章がのった。白を黒と言いくるめてその黒を批判するという論法である。その学生運動の側では一部が暴走し七〇年代に連合赤軍事件などを引き起こした。

いま引いた丸山批判などまったく下劣だった。何か遺恨でもあるのかと勘ぐりたくなったし、新聞の紙面を飾るに値しないというのがわたしの印象だった。正直なところイデオロギー的対立は八〇年代にはほとんど意味がなくなっていたのである。本当の論点は保守か革新かではなくなっていた。本当の争点は市民社会の成長をどう見るかだった。

市民社会をとらえ損ねたのではないか

富永健一、村上泰亮、飯田経夫らは市民社会の様相をつかまえるのに非常に有益な方法と視点を持っていた。市民社会の発展を論じるには、階級社会論や封建制批判ではまったく不十分であった。地位の非一貫性と社会移動の増大、そしてコンサマトリーな価値群の成長という視点を取り入れなければ、市民社会の発展を測定したり予測したりすることは十分にはできなかった。その点ははっきりいっておかなければならない。

だが残念なことに、彼らには自分たちの方法を使って市民社会の発展をとらえようとする意識は乏しかったようである。村上泰亮のいうコンサマトリーな価値群は、村上自身の目には、日本人の多幸感をますことはあっても、人間の自由や社会の多元性に貢献するものとは映っていなかった。というよりコンサマトリーな価値群がインストルメンタルな価値群を押しのけてしまったら産業社会は維持できないという危機感が村上をとらえていた。山崎正和のいう柔らかい個人主義に至っては、もっぱら消費行動にかかわる概念として使われていた。コンサマトリーな価値群と柔らかい個人主義は同じものに対する別の表現である。コンサマトリーな価値群も柔らかい個人主義も能動的に秩序をつくる責任ある主体が備えるべき資質とは見なされていなかった。

唐突に思われるだろうが、高群逸枝の生殖と経済の対比を思い起こしていただきたい。コンサマトリーな価値群と柔らかい個人主義は、高群逸枝のいう「生殖」に軸足を置く価値観である。高群は生殖を経済の下に置くようなことはしなかった。高群にとって生殖は、人間の自由と社会の多元性を実現しようとしたら、必要不可欠な要素だった。だから高群は生殖を経済の上に置いたのである。村上や山崎は経済を生殖の上に置いていて、そのことにまったく疑いを持っていなかった。大塚久雄に至っては高群逸枝の問題意識すら理解していなかっただろう。

業績保守主義には生殖を経済の上に置くことなど想像もつかないことだった。生殖は業績を評価する対象にはならない。業績評価の対象は主として経済分野の行動だった。なお業績保守主義ほどではないが、進歩派も生殖をあまり重要視しなかったことを付け加えておかなければならない。それを象徴するのがジェンダーの問題である。ジェンダーフリーの最初の叫びは進歩派の中から起こったのであり、ジェンダーは保守派と進歩派が対立する主要な問題のひとつでありつづけている。しかしここでは進歩派のほうが業績主義的である。女性の参画を積極的に主張するのは保守派ではないのである。

業績主義は戦後一貫して強くなっている

総じて業績主義的な価値観は増殖しつづけている。それは発達した産業社会の大きな特徴なのである。だからわたしはコンサマトリーな価値群がインストルメンタルな価値群を圧倒するだの、資本主義の文化的矛盾だのという考えには賛同できない。それは産業社会が第一段階を通過して第二段階に移行するときの過渡期に、知識人の中に出現した一時的なとらえ方だった。業績主義的な価値観は戦後、まず近代主義的な思想の中に開花した。大塚久雄はその代表格である。次に業績主義は保守主義にも広がった。発達した産業社会では社会のあらゆる場面で業績主義的な達成が求められる。大学進学の際の偏差値競争から、公務員試験など就職の場面でも、企業間の競争においても、国家間でも、業績主義的な基準がものさしになっている。人びとは業績主義的な競争の中で成果をあげるのが良きことだと認めるようになり、多くの人が多かれ少なかれ業績主義的な成果を追求することに生きがいを求めるようになっている。発達した産業社会では、多くの人が業績主義的自己実現の世界に生きているのである。

4　イエ社会と間人主義

日本の経済発展を実現したのは何だったのか

八〇年代には、日本の経済的成功の秘密を日本的経営に求める研究がさかんになった。いまや日本の特殊性は日本社会の前近代性をあらわすものとは考えられなくなった。経済的成功の原動力であり民主主義を受容する基盤であると見られるようになった。日本人は昔からの価値観や行動様式を脱皮したから近代化に成功したのではなくて、昔からの価値観や行動様式が変わらなかったからこそ経済発展と民主主義の定着が可能になったのだというわけである。戦後啓蒙派のような考え方は間違っているということになる。

今日の日本経済の停滞ぶりを見るとイエ社会や間人主義は誤っていたように見えるかもしれないが、当時はめざましい経済発展によって世界第二位のＧＤＰ大国になったばかりだった。経済発展の鍵を文化的要因に求める動向は儒教再評価にもつながり、八〇年代には台湾や韓国の経済発展を受けて儒教文化は経済活動を促進するのだという研究も見られたものだった。

ちょうどそのころ西洋人と東洋人のパーソナリティや行動様式の違いを説明しようとする研究が、精神病理学や文化人類学の分野で登場していた。精神医学者の木村敏は、日本人のメランコリー患者は、職場の同僚に対してすまないとか、世間に申訳が立たないといった罪責意識を持つ。ところがドイツ人のメランコリー患者は、神に対する罪を犯したとか、自己の義務に忠実でなかったという罪責体験が多いとして、その違いがドイツ人と日本人の人間観の違いから生まれていると論じている（木村敏『人と人との間　精神病理学的日本論』弘文堂、一九七二年）。木村は和辻哲郎が「人間」ということばを「人と人の間」と解釈することから日本人には日本人固有の倫理があると考えたことにならって、現象学的立場から日本人には日本人固有のパーソナリティ構造があるとみたのである。

F・L・K・シューの縁約原理（kin-tract-ship）

文化人類学者のF・L・K・シューは西洋人のいう「パーソナリティー」と東洋人の「人（レン）」は違うのだとした。シューによれば「パーソナリティー」は個人の内面を外面からはっきり分ける核のようなものである。それに対し「人（レン）」は対人関係に焦点を当てた概念であるという。

さらにシューは、親子関係が優先するか夫婦関係が優先するかという視点で、ヨーロッパ、中国、インド、日本の家族関係を比較した。シューによれば、夫婦の関係は結婚相手にだれを選ぶかという選択意志が働く。だから契約原理（contract）にもとづいている。これに対して親子関係は選ぶものではなく、血縁原理（kinship）が働いているとして両者を対比した。そしてヨーロッパでは夫婦関係が、中国では父子関係が、インドでは母子関係が優先しているという。では日本はどうかというと日本も父子関係優先だが、養子取りがさかんにおこなわれるので、血縁原理と契約原理が入りまじっているとし、それを縁約原理（kin-tract-ship）と名づけた。

さらにシューはいう。家族構造は、企業だの町内会自治会だの政党だのといった、その社会の二次集団の構造を制約する。ちょうど長子単独相続がおこなわれている農村では大土地所有制度がおこなわれやすく、分割相続がおこなわれている農村では小農経営になりやすいのと同じように、家族構造は社会組織の構造に大きな影響を与えるというわけである。そこでシューはヨーロッパの団体は契約原理が優越するクラブ型であり、中国は血縁原理が優先するクラン＝宗族型、そして日本はイエモト型であるとした。シューの学説は八〇年代の日本の社会科学に大きな影響を与えた。

イエ社会論

以上のようなシューの理論を取り込んで、西洋の個人主義に対して日本人の特殊性を強調し、村上泰亮・公文俊平・佐藤誠三郎は「間柄主義」という概念を立て、濱口恵俊は「間人主義」という概念を提唱している。和辻のいう「主体的な間柄」は、こうして倫理学ではなく、社会科学に接合されるのである。

村上泰亮・公文俊平・佐藤誠三郎の三人によって書かれた『文明としてのイエ社会』（一九七九年）は、保守主義の精緻な体系化をめざした研究で、次のような主張を展開した。日本人は欧米的な個人主義とは違う行動様式や価値観を持っている。それはパーソナリティ構造そのものにも及んでいる。だから日本人は欧米的組織や欧米的民主主義とは異なる型のシステムを発展させてきた。日本の組織は伝統的な家制度の影響を受けてイエ型組織というべきかたちになったし、デモクラシーも多数派が自分たちの主張を押し通す多数決型ではなく、「満場一致型デモクラシー」というべきかたちになった。そうして三人は、欧米の個人主義に対して日本は間柄主義だとしている。欧米の「分権的政治システム」は個人主義文化の中で「民主主義」と呼ばれるのに対して、日本にも同じような分権的政治システムがある。だが日本の文化は間柄主義であり、日本の分権的政治システムは「一揆」と呼んで区別したいと論じた。

「両者の第一の差は、民主主義の理念的な基本単位は個人に限られるのに対して、一揆の基本単位は集団で（また個人でも）ありうるというところにある。より重要な意思決定方式の点では、民主主義が公開討論と多数決の方式をとるのに対して、一揆は根まわしと満場一致の方式をとる」と述べている(1)。

『文明としてのイエ社会』は、右にあげた文のすぐあとにつづけて、進歩派を批判してこう述べている。

「しかし両者の構造上の類似性は高く、戦後の『民主主義的』制度は、間柄主義の理解の下で事実上解釈し直すことができた。論壇の主流では近代的個人主義の啓蒙がしきりに行われていたが、市井の生活人たちは戦後民主主義を自分たちの知恵と利害の言葉で読みかえようとしていた。戦後日本では具体的な生活と利害の次元においては、欧米型政治制度と日本型間柄主義の『習合』が進行した。これを単純に民主化の遅れ・歪みとみなすのは適当ではない(2)」。

進歩派は、遅れた要素を払拭しなければ近代化しないと考えたがそれは誤りだったという。まさしく保守主義たるゆえんである。

間人主義

社会学者の濱口恵俊は「間人主義」をとなえた。日本人は、個々の状況に応じてそのつど臨機応変に対処しようとする。人間と人間との対人関係がまず存在し、その脈絡にそって最も好適な行動を選ぼうとする（「個別＝状況主義」）。これに対して欧米人は、どんな状況にあっても変わらない普遍的な信念を基準として、それに依拠して行動する（「普遍＝論理主義」）。その違いは東洋と西洋の文化の違いに根ざしている。日本人の「間人主義」と西洋人の個人主義の違いはそこから来るというのである。

間人主義は、あらゆる状況の変化に対して、融通性に富んだ機敏な対処を可能にする。これまでしばしば欧米的観点から、日本人は確固たる自我を持たず、他律的で、個人としての自己主張がないと批判されてきたが、それは皮相な観察に過ぎない。なぜなら、日本人は状況対応力がとびぬけてすぐれているので、そのことが一見、強固な自我を持たないように見えるだけだ、というわけである。そしてさらに濱口は主張する。高度の組織化が進行し、複雑な協業が要求され、人間関係が入り組んでいる現代の産業社会において、間人主義は非常に適合的であるに違いない、と。

「このように考えると、伝統的に連帯的自律性を示す日本人が、西洋的個人主義を理想とするのでないかぎり、近代生活を営む上で何ら障碍となるものは存しない、ということになる。むしろ、システム的連関がますます高まるこれからの社会にあって、機能的によりすぐれた生活の可能性が附与されている、とさえ言えよう」[3]。

間柄主義や間人主義と個人主義との違いは、文化的類型の違いなのであって、「前近代」と「近代」の発展段階の違いではない。間柄主義や間人主義は、西欧社会がたどったのとは別の、もうひとつの産業化・民主化の軌道なのである。こうして保守主義は竹山道雄のような人道主義的な立場からのイデオロギー批判から離れて、経済発展の秘密を日本社会の特徴そのものの中に見いだそうとする立場に移ったのである。

5　まとめ

イエ社会と近代的人間類型は対立しない

F・L・K・シューの研究はたいへん示唆に富んでいた。しかし何百年もつづいてきたからといって慣習はいつまでも不変だというわけではない。家族関係も過去の記憶を受け継ぎながら知らず知らずのうちに変わっていく。そのときに過去の記憶を本質と見ていたらものごとを見誤る。シューは日本の家族構造は父子関係が優越するが血縁原理と契約原理が混淆しているととらえた。一九八〇年代になっても日本人の間にあった記憶はシューの主張を裏づけるものだった。そこでシューの研究は間人主義やイエ社会といった議論に取り入れられた。

しかし家族関係の記憶は残っていても、家族関係の理想と実態は大きく変わっていた。それは一九二〇年代から半世紀ほどの時間をかけて日本人の家族のあり方を変えつつあったのである。一九二〇年代の通俗小説は結婚や恋愛をめぐって世代が対立する様子をいきいきと描いた。そういう結婚観をめぐる世代の対立は八〇年代にはほとんどなくなっていた。親のいうことは聞かなければならない、家はだれかが継がなければならないという慣習に悩まされながら結婚したカップルも少なくなかっただろうが、親がすすめる見合い相手と不承不承でも見合い結婚するという女性は激減した。多くの人びとは恋愛結婚したのである。そして多くの親はそれを受け入れた。さらに九〇年代になると夫婦別姓を求める声が起こる。「イエ社会」は一九二〇年代から、ゆっくりと衰退していたのである。

『文明としてのイエ社会』は鎌倉時代に起こったイエ型組織が一九六〇年代に頂点に達して高度経済成長をもたらしたと主張した。日本的経営は一九〇〇年代に始まるといわれるが、それは企業におけるイエ型組織の始まりであった。そして六〇年代に最も力を発揮したというわけである。はたしてそうであったか。どうしてもイエ型組織という概念を使うのであれば、旧日本軍組織がその典型であり一九四五年に破綻したととらえることもできるかもしれない。

一九六〇年代の高度成長をもたらしたのは何だったか。イエ型組織という形式などよりも軍国主義の反省に立って「近代的人間類型」をめざすようになったことのほうが重要だったかもしれない。社会公共に対する関心、自分の人生を自分で組織する自立性、ものごとの因果関係を科学的につかまえる合理性、周囲の雰囲気に流されない個人主義といった変革は戦後に幅広く進行した。そしてそういう人格を形成した人びとが戦前は二流にとどまった日本経済を一流に押し上げたのである。勝てるはずもない戦争を自分から仕掛けるような非合理性を克服したのである。

間人主義は周囲の人びととの関係を機敏に認知すること、自分の行動を状況への対応としてコントロールすることを意味している。日本人は昔から忠孝の道徳に従って生きてきたのだから、道徳観が変化していなければ状況に対応するために真っ先に考慮しなければならないのは忠孝だっただろう。しかし戦後はその道徳観が大きく変わったのである。

連続と断絶をどうとらえるか

イエ型組織も間人主義もまったく否定することはないと思う。なぜならそれらは「近代的人間類型」と相容れないものではないからである。どちらかを否定してどちらかを肯定するという関係ではない。問題は戦前と戦後の連続と断絶をどうとらえるかということである。そこで問題は戦後の民主化や経済発展の主たる理由を、イエ型組織に求めるか「近代的人間類型」に求めるかということになるが、その答えはわたしの目には明らかである。

戦後の日本人は戦争に敗れたコンプレックスと戦争を起こした贖罪意識を引きずりながら、日々営々と仕事に打ち込んできた。戦前のエリートが国民に押しつけてきた非合理な献身と自己犠牲から解放され、自分のしあわせを大切にしながらインストルメンタルな価値群に従って行動してきた。戦前の道徳規準から見れば戦後の日本人はよほど利己的である。そしてそのささやかな利己主義者たちの頑張りが経済成長をもたらしたのである。

F・L・K・シューは日本人の「イエモト」組織は民主主義に適合的ではないと論じている。この点は業績保守主義の人たちには無視された。たとえば『文明としてのイエ社会』は日本人の伝統的な意思決定のかたちを「一揆」と名づけて、西欧型のデモクラシーと同じ機能を果たしているとした。

また日本的経営論は意思決定が下から積み上げられていくことに着目した。トップダウン型の意思決定ではなくボトムアップ型の意思決定がおこなわれていることを重視したのである。後者は時間がかかるが、その分意思決定の内容はメンバーによく行きわたる。そして組織全体で決定の意味を共有し行動することができるというわけである。そのとらえ方は「一揆」論とほぼ同じである。

イエ型組織において昔から民主主義に対応する実質があったのだとするのはやはり無理がある。忠孝と民主主義は両立しがたいからだ。こういう無理をおかすのは歴史的な連続性に固執しているからである。それに日本的経営論のいうボトムアップ型意思決定論は戦後になってからおこなわれるようになったものである。いずれにしてもイエ型組織も日本的経営も民主主義の原理に適応したのだととらえるのが適切である。戦国時代から民主主義に対応する実態があったのだと主張するのは民主主義ということばの拡大解釈である。

註
（1）村上泰亮・公文俊平・佐藤誠三郎『文明としてのイエ社会』中央公論社、一九七九年、五四二ページ。
（2）同右、五四二～五四三ページ。
（3）濱口恵俊『「日本らしさ」の再発見』講談社学術文庫、二七六ページ。原著は日本経済新聞社刊、一九七七年。

第八章

資本主義像の変容

1　資本主義の変容

日本で社会主義幻想がつづいたわけ

前章でわたしは一九八〇年代に潮目が変わって保守思想が台頭したと述べた。前章で述べなかったが、その最も重要な要因は資本主義が変容したことであった。そしてそれに伴って資本主義像も劇的に変化した。

一九四〇年代五〇年代には資本主義は富の偏在をもたらす格差と搾取の体制であると見られていた。しかも市場は景気変動を伴う。いつ恐慌をきたらすか知れない不安定なシステムである。資本主義は商品の売り先、つまり市場を求めて、争って世界中に植民地を拡大する。帝国主義である。そしてそのあげくに帝国主義どうしで戦争をする。このように資本主義の世界とは、格差と景気変動と植民地支配と戦争の世界なのであった。

こんな体制が長つづきしていいはずがない。資本主義の変革は必至である。いずれ社会主義に取って代わられる日が到来するかもしれない。社会主義は歴史が浅いが、平等をうたい計画経済と平和をとなえている。そのために生産手段の私有を廃すると主張している。未知数であるが期待する値打ちはある。非常におおざっぱであるが、そんなふうに考えられていたといってよい。

西側でも東側でも資本主義と社会主義の優劣に関する意見の対立がありイデオロギー対立があった。西側は資本主義を維持しようとする勢力と、修正資本主義をめざす勢力とソ連型社会主義を主張する勢力に三分された。しかし一党独裁体制の東側では苛烈な言論弾圧がおこなわれ、権力闘争はしばしば粛清を伴った。反対派は声をひそめた。東側の息詰まるような統制の実情は欧米では早くから知られた。いくらでもそれに関連する事例をあげることができるが、そのひとつが一九五七年に刊行された長編小説『ドクトル・ジバゴ』である。著者はボリス・パステルナーク。パステルナークはソ連の国民であるが、『ドクトル・ジバゴ』はソ連国内で発表することができず、イタリアで出版された。

ソ連の弾圧がいかにすさまじいかということは欧米では知られていた。そのうえ軍事大国であるソ連は軍事力にものをいわせて隣国を踏みにじった。ブレジネフ書記長が一九六八年にとなえた制限主権論はその口実だった。中国の軍事力はたかが知れていたが、権力闘争はやはりすさまじいものがあった。文化大革命はその代表格である。

しかし日本ではかなり長い間ソ連や中国は美化された。理由はかんたんである。中国に侵略戦争を仕掛け、アメリカに無謀な戦争を挑み、国民に塗炭の苦しみを味わわせ、挙げ句のはてに国のために死ねというような国にくらべたらソ連や中国のほうがましに思われたからである。もしも政治家が戦前の体制を懐かしむような発言をつつしんでいたら、知識人の社会主義幻想はもっと早くに幕をおろしただろう。

2　資本主義変容の構造

ケインズ政策、所得革命、所有と支配の分離、社会階層と社会移動

一九五〇年代後半になると資本主義の変容が明らかになってくる。帝国主義段階の資本は生産過剰に悩み、利潤率低下の法則に苦しむ。それを打開するために植民地獲得に血道をあげるといわれていたが、ケインズ政策による有効需要の管理が奏功し、資本主義は長期的な成長軌道に乗った。資本主義は強力な飛翔の翼を持っていることが明らかになる。こうして黄金の六〇年代が訪れた。

一九七〇年代になると、日本でも資本主義は柔軟なシステムだというとらえ方が台頭してくる。そういうとらえ方を支えた理論上の支柱は四つあった。

第一はケインズ政策である。政府が積極的に介入して有効需要を操作することによって市場を安定させることができるようになった。古典派経済学は景気循環は資本主義の心臓の鼓動であり、鼓動が強ければそれだけ資本主義が健康な証拠だと考えていた。不景気のときに倒産する企業が続出するのは、弱い企業をふるい落として資本主義の体質を強化するのだと考えていた。ケインズの登場によって資本主義はそういう考えに別れを告げた。先進資本主義国は福祉国家に舵を切り、極端な貧困はかげをひそめた。

もうひとつはサイモン・クズネッツが一九四〇年ごろにとなえた所得革命である。クズネッツは先進国では経済成長に伴って所得格差が縮小することを見いだした。マルクス主義者は窮乏化論をとな

えていて、労働者階級は労働力の再生産が可能なぎりぎりの線まで搾取されるのだと主張していた。窮乏化論は社会主義革命の必然性を示す究極の根拠だった。しかしもしも所得革命論が正しいとすればその究極の支柱がくずされる。マルクスの予言は間違っていたということになる。

所得革命論はいまでは正しいかどうか議論が分かれるところだが、そのこととは別にもっと重要なことがある。それは社会主義体制は資本主義体制よりもっと深刻な貧富の格差を生み出すのではないかということである。ノーメンクラツーラということばの登場がそれを物語っている。

第三は所有と経営の分離である。ジェームズ・バーナムの『経営者革命』が出たのは一九四一年だった。その九年前の一九三二年にバーリとミーンズの『近代株式会社と私有財産』が出ていた。所有と経営が分離するなら、資本家による階級支配という古典的な図式はくずれる。大株主でなくても経営者になれるし、そのほうが凡庸な株主に経営をゆだねるよりよほど合理的である。手腕を買われて経営者になる人物は若いころから修羅場をくぐってきた人材だろう。その人物は中産階級の出身かもしれないし貧しい家庭の出身かもしれない。いずれにしても銀のスプーンをくわえて生まれてきた人びとではない。そうすると企業経営の門戸は開かれているということになる。

所得革命および所有と経営の分離、このふたつが正しいとすると、社会主義がかかげる理想への距離は資本主義のほうが社会主義より近いのではないかと考えたくなる。そのように考えたのが経済学者の正村公宏らであった。また平田清明などの市民社会派のマルクス主義者は市民社会の理念は社会主義にも受け継がれなければならないと主張した。社会主義より資本主義のほうに未来があるのではないか。一九八〇年の前後になると、わたしはこれらの人びとの考えに共感したものだった。

第四は社会階層と社会移動である。わたしにとって社会階層と社会移動の研究は強烈なインパクトがあったことは前章で述べた。社会階層と社会移動の研究から導かれたのが、産業化によって社会移動は大きくなり、階層が非構造化するという主張であった。前章で述べたのでここでは繰り返さない。

冷戦の終焉

冷戦の終焉とソ連圏の崩壊についてもふれておきたい。

国際政治学者の坂本義和は競争的共存を提唱した。坂本義和は一九五九年、「中立日本の防衛構想」で論壇にデビューした。「中立日本の防衛構想」は日本の防衛をアメリカ軍に頼るのではなく、国連軍によるべきだと主張した。坂本はアイデアリズム（理想主義）の論客といわれるが、アメリカ留学時代の先生はリアリスト（現実主義者）のハンス・モーゲンソーであり、ただヒューマニスティックな理想主義の立場に立っていたわけではない。

ちなみに、坂本義和はわたしの大学時代のゼミの恩師でもある。わたしは、坂本先生の授業を聞いたり論文を読んだりしていて、こういう人はちょっといないと思った。註のない論文を書ける人というか、みごとな論理立てで、論理だけで議論を先に先にと進めていける人であった。日本の平和研究をリードした人である。

坂本義和は、冷戦を資本主義と社会主義の食うか食われるかのたたかいととらえるのではなく、競争的共存に変えることが可能だという考えに立った。米ソ冷戦が始まると、いずれ第三次世界大戦が起こるのではないかといわれた。そのころのことである。しかし坂本は、戦争が不可避なのではなく、米ソがその政治体制の有効性を争うように仕向けなければならないと論じた。そして実際に、現実は、坂本の主張した通りになったのである。一九五三年にスターリンが死去、五六年にフルシチョフがスターリン批判をおこない、いっとき言論統制が緩んだ。それが雪どけといわれる。そして平和共存の道が模索された。やがてときが経つにつれて民主主義と経済的繁栄をもたらしたのは西側のほうだということが明らかになっていった。東西の格差はいよいよ歴然としてきた。そしてデタントから一九八九年のマルタ会談による冷戦終結に至るのである。マルタでジョージ・ブッシュ大統領とゴルバチョフ書記長が会談して冷戦の終結を認め合った。その後、冷戦終結は東側諸国の革命をもたらした。東側のほとんどの国で独裁政権が平和的に打倒された。

一九八九年の東欧革命が平和的に遂行されたことは、人類史の偉大なできごとである。ソ連のゴルバチョフはもちろん、ポーランドのワレサ、そしてハンガリーのネーメト、ニエルシュ、ポシュガイは、歴史に名をとどめる指導者だった。東欧革命はハンガリーから始まった。ハンガリーでは一九八九年一月から大胆な民主化に向けての改革がおこなわれた。「一発の銃声も聞かれず、一滴の血も流され」なかったのである。冷戦の終焉は、東側諸国における平和裡の体制移行（平和革命）とセットで考えなければならない。

3　学生時代に読んだ本のこと

日本は遅れている

さて、ここでわたしの学生時代のことをふりかえっておこう。

わたしは一九七〇年に大学に入った。そういう世代だから、日本は遅れている、前近代的なところがある、そこは変えなければならないと教えられて育った。教えられたというより、両親や祖父母の言動を見て、自然のうちにそう感じるようになっていた。祖父に対する父親の態度、自分に対する両親の態度、父親の母親に対する態度、それに祖父と祖母の関係などなど……。祖父母や両親の世代には、いたわりと支配、横柄と卑屈が同居しているように思われた。たとえば父は祖父を非常に尊敬していた。ほとんど崇拝しているように見えた。けれどもわたしには、祖父は欠点が多い人だった。ただし愛すべき人柄ではあった。

これ以上は書かないが、そういう欠点が見えないはずはないのに、どうして父が祖父に従順なのかわたしには納得がいかなかった。あとで思うとそれが「孝」ということだったのかもしれない。とにかく同じことがらが、ときには強いきずなのあらわれに見え、次の瞬間には因習による縛りに見えた。そして日本は古いということが実感としてわたしの心の底に溜まっていった。

父母や祖父母に対するこういう感覚がそのまま延長されて周囲の大人たちに対する感覚に重なった。口には出さなかったが、学校の先生や近所の大人たちの言動に首をかしげることが何度もあった。そればかりではない。日本が弁護の余地ない戦争を始め、国を滅ぼしたことが、わたしの実感の背景にあった。負ける戦争をしてはいけない。まして戦争によって国民に未曾有の災禍をまねいてはならない。さらに負けたら潔く責任を取るべきである。それなのに、どう考えても勝てる見込みのない相手にたたかいを挑み、筆舌に尽くしがたい苦難を国民に押しつけ、万策尽きるまで降伏しなかった。実に恥ずべきことである。政府はそういう非合理な判断しかできなかった。合理的な判断ができなくて何のための政治か。昭和の軍人などより戦国時代の武将のほうがよほど立派ではないか。わたしは日本を滅亡させた軍人たちのことを考えるたびにはらわたが煮えくりかえった。

あまつさえ戦争責任はあいまいにされた。政治的意思決定の中枢を占めた人びと、すなわち軍人と官僚の中に堂々と戦争に反対した人物はひとりもいなかった。天皇も戦争を避けなかった。そして軍人は命脈を絶たれたが、官僚は大きな打撃を受けることなく戦後を生きのびた。官僚にくらべると政治家はかなりの打撃を受けた。戦前と戦後の議員の顔ぶれを見ると大きく入れ替わっていることがわかる。

肝心の戦争責任論を見ると、一億総懺悔が説かれたり、文学者の戦争責任が追及されたりした。論点があいまいな方向に拡散したのである。一億総懺悔や文学者の戦争責任に意味がないとはいわない。しかし戦争に向けて国民を引っ張っていった元凶の多くが隠棲もせず、投獄もされず、処刑もされないのに、権力者の尻馬に乗って記事を書いたり芸術創作をしたりした人びとの責任を追及して、いったいどれほどの意義があっただろうか。本末転倒である。

そういうことをふくめて、わたしは日本は封建的なところがある、それを克服して真に近代的な国家にならなければならないという考えを抵抗なく受け入れて育った。わたしのような少年ばかりではなかったと思うし、多数派でもなかったと思うが、かなりの層をなしていたと思う。ただし高校生になるときまでには、状況は急速に変化していた。

プラハの春でソ連嫌いに

一九七〇年までにマルクス主義の影響力はおとろえた。決定的だったのは一九六八年の「プラハの春」だったろうが、それまでにソ連や中国の実相が伝えられるとともに、社会主義はじょじょに支持を失った。戦後啓蒙派がかかげた競争的共存の理念は、国際政治の方向を示した先駆的な提言だったが、こちらもソ連の行動のために色あせていった。競争的共存の理念は米ソを異なるタイプのふたつの民主主義ととらえ、両者の平和的競争が可能だとする認識に立脚していた。しかしソ連が民主主義にコミットしているというなら、それはどんな民主主義だろうかという当然至極な疑いが首をもたげたのである。

それでも国内の政治社会状況を見ると戦後啓蒙派の主張は依然として輝いていたし、マルクス主義者の言い分にも一理あると思われた。わたしは一九七〇年に大学に入学し（翌年文転して法学部を受験した）、それまではマルクス主義のマの字も知らなかったが、そういうこととは無関係に日本の政治は一人前の民主主義にはほど遠いと考えていた。そもそも政権交代のない民主主義などあり得ないと思っていたし、政権を担当している自民党が公然と教育勅語の復活や憲法改正をとなえていたことに強い違和感を感じていた。そのころの憲法改正論は九条の改正ばかりでなく、天皇の地位についての改正も主張していたのである。つまり国民主権を否定しかねないニュアンスがあった。

大学で学んだこと

そういうわけだったから七〇年代前半の学生生活で、わたしは聴講した講義や講義に関連して読んだ本に違和感を感じることはなかった。政治学では篠原一と福田歓一の講義に感銘を受けた。わたしにとっては先生と呼ぶべき関係の両氏なのだが、思い切って敬称は略しておく。そして松下圭一、坂本義和、久野収といった人たちの著書から教えられるところがすこぶる多かった。丸山眞男や大塚久雄や川島武宜といった戦後啓蒙派の人びとの著書に感銘を受けたのはもちろんである。

長くなるがわたしが学んだ経済学について書いておこう。経済学は近代経済学とマルクス経済学の両方を履修したが、おもしろいと感じたのはマルクス経済学だった。講師はすべて宇野学派の人たちで、宇野弘蔵や大内力や鈴木鴻一郎の著書をじっくり読んだものだった。宇野学派とはマルクス経済学の一学派で、宇野学派には歴史的な分析があった。中でも経済政策論や国家独占資本主義論は興味深かった。そういう視点は近代経済学にはなかった。そして少し遅れて市民社会派マルクス主義の内田義彦や高島善哉の著書に惹きつけられるようになった。

いまでこそ近代経済学一辺倒になっているが、一九六〇年代まではマルクス経済学のほうが勢いがあったものである。戦後復興のとき傾斜生産方式をとなえた有沢広巳はマルクス経済学者だったし、有沢広巳がとなえた二重構造論は非常に説得力があった。ちなみに有沢広巳は原発を推進するなど政府に近かった人である。

マルクス経済学には理論と実践の統一をとなえる人びとと、イデオロギー抜きに道具として活用しようという人びとがいた。日本社会党左派の社会主義協会に集まった人びとや日本共産党に近い人びとは前者だった。わたしは道具としてマルクス経済学を活用しようとした後者の人びとに親近感を抱いていて、とくに平田清明や正村公宏といった人の学説はいちばん納得がいった。ちなみに宇野学派も道具としてマルクス学説を使いこなそうという立場だった。

市民社会派のマルクス主義など

平田清明はソ連型社会主義を批判した人であり、正村公宏は、現代資本主義は現実の社会主義より社会主義の理想を実現していると主張した人である。平田清明は市民社会の理念は社会主義にも受け継がれなければならない。しかるにソ連型社会主義は市民社会とは無縁であると論じた。正村公宏は所有と経営の分離や所得革命を経て、資本主義がじょじょに開かれ市民社会の理念を実現し得るようになったと主張した。

以上のように書いてみて、自分が学んだことが正確に表現できていないことに気づいた。そもそもわたしはマルクス主義にあまり関心がなかったのである。

正確に書くと、こうである。わたしは近代日本経済史に関心が向かっていたようで、学生時代読んだ本の中では、大塚久雄にいちばん感心した。産業資本と商業資本は根本的に違うのだとして、農村の織元（産業資本）が都市の織元（商業資本）を凌駕していく過程を産業革命前史として描いた『欧州経済史序説』には目からうろこが落ちる思いがしたものである。

その大塚久雄は社会学者のマックス・ウエーバーから多くを学んだ人である。学生時代、社会科学をめざすならマックス・ウエーバーは必読だといわれていた。わたしも『プロテスタンティズムの倫理と資本主義の精神』を読んで、やはり目からうろこが落ちる思いがしたものである。大塚久雄が提唱した「近代的人間類型」は、ウエーバーのいう「プロテスタンティズムの倫理」の焼き直しといっていいだろう。それからわたしはごく自然に、内田義彦、高島善哉といった市民社会派といわれる人びとの著作に接するようになっていったのだった。そしてウエーバーを中心に、カール・マルクスとアダム・スミスを配するといった構図で社会についての認識をつくっていった。

要するに日本社会はまだまだ前近代的な性格を多分に持っており、それを克服して真に近代社会の名にあたいする社会に向けての変革を待っているのだと、わたしは考えていたのである。

4　竹山道雄の保守主義

心を揺さぶられた文学書

わたしは子どものころから小説を読むのが好きだった。学生時代には雑誌なども読んで大いに影響を受けた。専門書よりも文学書にはるかに大きな影響を受けた。専門書は所詮専門書である。知識を獲得するために読む。心をぎゅっとつかまれ、揺さぶられることは滅多にない。学生時代、心を動かされたのは圧倒的に評論や文学書からであった。加藤周一、林達夫、鶴見俊輔、広津和郎などの著書がわたしをとらえた。

そしてそこでは保守派の人たちの著書もけっこう多かったのである。竹山道雄、小林秀雄、田中美知太郎、山崎正和、辰野隆、福田恆存、三島由紀夫などなど、名前を並べたらかなり長いリストになる。野間宏や中野重治は好いとは思わなかった。体質が合わなかった。要するに保守派だの進歩派だのということは二の次だったのである。

わたしが保守派知識人をどう思っていたかというと、人間洞察は滋味掬《きく》すべきものが豊かにある、しかし社会動態についての見識ははなはだ心もとないという評価だった。山崎正和は劇作家でもあり、社会評論をよくし、政府の審議会の委員にもしきりに登用された保守派論客の代表格であるが、彼は「政治的保守主義というものはない。あるのは文化的保守主義だけだ」という意味のことをいっている。まことに言い得て妙である。もちろん本人が意図している意味とは少し違った意味においてのことだが。

その山崎は守備範囲の広い人で『おんりい・いえすたでい'60s』は六〇年代の世相をおもしろおかしく取り上げている。時評も条理をつくしていて読ませる。わたしと考え方の筋道が似ているのか、違和感なく読み進めることができる。ところが残念なことに結論がまったく合わない。

保守派文学者の政治的意見ははなはだ頼りなかった。小林秀雄はたいへんおもしろかったが、太平洋戦争が始まってまもなく出た「近代の超克」座談会での小林の発言を見たときには呆れた。自然科学に対する認識が実にお粗末なのである。どんなに思索力が強靱でも、政治的見識のない人は非常時にはこんなふうになりさがるものなのかと、ため息が出たものである。断っておくがため息が出たというのは控えめな表現である。

竹山道雄の保守主義

政治的見識という意味では竹山道雄は立派だった。わたしが大学生だった一九七〇年代には竹山は反共主義者として進歩派から毛嫌いされていた。しかしわたしが竹山の文章から感じたのは反共というよりイデオロギーの恐ろしさに対する警鐘だった。自分が天使だと思っている人は、正義を実行しているつもりでしばしば悪魔の所業に手を汚す。そのことを説く真剣さがひしひしと伝わったのである。

竹山が人類最悪の脅威と見なしていたのはナチス、ソ連共産党であり、そして日本の軍国主義がそれに次ぐ存在だった。一九三八年ごろ日本ではヒトラー礼賛の声が起こっていたが、竹山は最後までヒトラーを憎み嫌った。一九四八年に雑誌に連載された「憑かれた人々」という評論がある。そこで竹山は現代におけるイデオロギーの作用について、随所に人びとのおこないを取り上げながら語っている。イデオロギーが伝播するのは理性の力によるのではないこと、イデオロギーに憑かれたものはどんな悪行もしかねないこと、そして何より、知識人にはイデオロギーに染まる危うさがあること、などなど。「人間の精神なんて（すくなくともそれが集団として捉えられたときには）つくづく脆いもの、はかないもの、いつまた変調をきたしてあらぬ方向にむかって浮かれ出すか分からないもの、という気がしますね」と竹山は書いている。[1] イデオロギーに対する警戒が知識人に対する警戒と重なっているのである。知識人にはイデオロギーに染まる危うさがある。そのことばはわたしの胸を打った。

一九五五年に竹山は念願かなってドイツを再訪した。第二次世界大戦をはさんでの再訪だった。当時まだベルリンには東西を隔てる壁がつくられていなかった。突然有刺鉄線がはられ、それが壁になるのは一九六一年のことだったから、竹山はそれ以前に、まだ東西の往来ができたころのベルリンの姿を目の当たりにした。そして実見したことを報告したのが『文藝春秋』一九五七年二月号から四月号に連載された「ベルリンにて」だった。竹山は自分が見た共産党支配下のドイツ人たちの姿を、愛惜の念を込めて、そして共産党支配に対する怒りをまじえて描いた。その後「剣と十字架」が書かれ「聖書とガス室」が書かれるのだが、二編とも一九六〇年代前半に書かれたもので、わたしが「ベルリンにて」以下の文章を読んだのは発表時から一〇年ほどあとのことだった。

知識人に対する警戒心

わたしはイデオロギーと知識人に対する竹山道雄の警戒心に大いに共感した。とくに知識人は用心しなければならないと思う。ただし、竹山の警戒心は少しばかり度をこえていた。法と正義と秩序の根底には必ずイデオロギーがあるし、知識人にはイデオロギーがかっている人が多いが、いつも人びとを浮き足立たせる教説をとなえるだけではない。地道な探求によってものごとの道理をきわめようとする知識人のほうが多数派だろう。どのみち人間はイデオロギーと知識なしには生きのびていかれないのである。ただし、ひとつの国の法と正義と秩序はいくつものイデオロギーが対立し重なり合いつつ支えているのであるし、知識人は知識人どうし、たいていは粘り強い対話を重ねているのである。イデオロギーは多元的でなければならない。当然、知識人の党派も複数でなければならない。その多元性を維持することが重要なのであって、そしてそのために対立が穏健な状態にとどまるよう抑制することが重要なのであって、イデオロギーと名のつくものがすべて危険なのではない。

イデオロギーの恐ろしさということでは共産主義も自由民主主義もない。残念ながら人間はイデオロギーによって悪魔的な蛮行にはしらないとはいえない動物である。だからわたしたちは政治がイデオロギーで翻弄されないように、いつも政治や思想のリーダーたちを監視し、自分自身も日ごろからイデオロギーにのぼせてしまわないように心がけていなければならない。政治の世界では自分が正しいという保障はないのである。そういうことを政治考察の原点にすえて揺るがなかった人は大切である。右も左もない。林達夫、竹山道雄、加藤周一、丸山眞男、渡辺一夫らの人びとを、戦後思想の中心にすえたいと思うのはそのためである。

わたしはおおざっぱな人間なのかもしれないが、竹山道雄や司馬遼太郎と丸山眞男や内田義彦には共通するものを感じるし、本来なら政治においても左右の極端派を排して竹山道雄から内田義彦の線で政界の主力が組まれたらいいのにという思いがあった。中道がひとつの政党になるのを求めたわけではない。そこに二大政党が並び立つべきではないかと思っていたのである。

註

（1）『竹山道雄著作集・第三巻』福武書店、一九八三年、一六五ページ。

第九章

二一世紀へ

1　市民社会が力をつけた

国が誤りを認めた薬害エイズ事件

一九九〇年代末、やっと時代が動いたとわたしは実感した。市民社会の力がついてきて、それが国家を揺さぶるようになったのである。薬害エイズ事件が問題化したのは一九八〇年代の中ごろだった。一九九六年、菅直人厚生大臣が患者団体の代表の前で直接謝罪した。それは大きなできごとだった。国が誤りを認めたのである。二〇〇一年、今度は小泉純一郎首相が同じ姿勢を示した。ハンセン病国家賠償請求の裁判で熊本地裁判決が出た。ほぼ原告全面勝訴だった。国は控訴せず判決を受け入れた。

八〇年代中ごろからのおよそ一〇年間を中心として、政治思想の最前線は新たな領域に移っていこうとしていた。その最たるものがジェンダーでありNPOであり高齢者福祉であった。社会の変化が法制度の再編をもたらした。市民社会が社会通念を変え、それが国を動かしたのである。

一九九〇年代後半は国家と市民社会の関係が法的にもはっきり変化した時代だった。一九九七年、介護保険法が制定された。そして一九九八年に特定非営利活動促進法（通称NPO法）が、さらに一九九九年に男女共同参画社会基本法が制定された。この三つの法律は二一世紀の日本社会の変化を促す重要な法律である。三つの法律はひとりひとりの市民のエンパワーメント（力をつけること）を支えるからである。

ＮＰＯ法

ＮＰＯ法がつくられるときに法的に大きな検討課題だったのは、それまでの日本の法人法体系が営利法人と公益法人の仕分けになっていたことだった。本来ならまず営利法人と非営利法人の区別があって、しかるのちに非営利法人が公益活動をする場合の規定を設けるというかたちでなければならない。それならばすっきりする。ところがそうなっていなかったので、営利法人は届け出で設立することができたが、公益法人は許可制で主務官庁による審査をクリアしなければならなかった。そのハードルがなかなかたいへんで財団法人なら一億円の基金がなければならないとか社団法人なら五〇〇〇人の人がいなければならないとかいわれたものだった。

とにかく何が公益であるかを有権解釈するのは国家なのである。たとえ社会奉仕活動であっても自分の活動が公益を増進する活動だと国民が勝手に名乗ることは許されなかった。すなわち国家が社会にのしかかっていたのである。

本来あるべき体系は、まず人びとがつくる団体は営利法人であれ非営利法人であれ届け出だけでよしとし、非営利法人の事業活動の中で公益増進に役立っていると認められる事業については税制で優遇するといったかたちである。特定非営利活動促進法がつくられるときにもそのことが強く意識されていた。だから「特定の」非営利活動をする団体に法人格を与えるなどという姑息な方法によらずに、本来なら民法そのものを改正するべきだと考えられていたのである。そして実際その後、民法は改正されることになり、二〇〇八年には営利法人と非営利法人という制度に変わった。こうして非営利法人も届け出だけで設立することができるようになった。

介護保険法と男女共同参画社会基本法

介護保険法が成立して、措置制度ではなく保険制度によって介護がおこなわれることになった。これによってこれまでボランティアベースでおこなわれてきた介護の活動にしかるべき報酬が提供されることになった。しかもＮＰＯ法人にも介護保険の指定事業者になる資格が与えられた。長い間アンペイド・ワークとされてきた介護の仕事が正当に評価されるようになったのである。お年寄りの介護は家族が無償でおこなって当然という考え方から、介護はしかるべき報酬を与えられるべき労働という考え方に変わった。

男女共同参画社会基本法は国際社会の動きに押されてつくられたという側面が強かった。だから一種のアリバイづくりという性格が見え隠れした。基本計画や苦情処理など陣構えこそ立派だが、毎年発表されるジェンダーギャップ指数で国際比較をすると一五〇カ国ほどのうちで一二〇位前後をウロウロしているという状況である。とくに安倍内閣になってからの停滞が目立ったのである。けれども市民社会ではジェンダー平等の動きは強い。ジェンダー平等の声はいまや先頭に立って市民社会を牽引している感がある。国や自治体の男女共同参画の取り組みは市民社会の動きに押されてつくられている。

2　保守派も進歩派も自由を軽んじていないか？

一九八〇年代九〇年代の浮わついた風潮

さて時計の針を少し戻そう。一九八〇年代から九〇年代にかけて、そのころの思想状況にわたしはすこぶる物足りなかった。自由にのびのびと生きることに陽が当たっていなかったからである。生活保守主義が蔓延し、学生は就職のことばかり考えていた。就職に不利になるからといって「アカ」の教授のゼミは避けるといった行動にはしっていた。あまつさえ、そういう人びとの意識と行動を消費における自己表現などと持ち上げて歓迎した人びとがいたのである。消費が自由だって？　バカも休み休みいってほしい、ただモノが豊かになっただけではないか、というのがわたしの内心の思いだった。就職を考えてアカ教授のゼミを敬遠するような学生が、消費を通じての自己表現を楽しんでいたからといって、自由な社会になったといってよろこぶのは筋違いである。

人間と人間の結合をつくる自由

もう一度、第一章で書いた大正デモクラシー時代に戻ってほしい。前章で高群逸枝を思い出していただいたが、もうひとり賀川豊彦を呼び出しておきたい。賀川豊彦は自由を重んじた人だったが、何でも思うことをするのが自由なのではないといっている。人間と人間の結合を自由につくり出すことが自由なのである。小は家族をつくることから、企業や組合などさまざまな事業体をつくること、そして大は国家をつくることまで、自由とは人間の結合をつくることである。

業績保守主義がとらえた自由はまがい物

自由な結合をつくること、つまり自分たちの合意で結婚し自分たちの思いで家庭をつくり、同じ思いの人が集まって企業や社会活動を起こすといった一連の活動を思い浮かべていただきたい。そういう活動の根拠は、村上泰亮のいうコンサマトリーな価値群に属するのだろうか、それともインストルメンタルな価値群に属するのだろうか。おそらく村上は即答できないだろう。家庭生活を営むことはコンサマトリーである。起業したり活動を始めたりすることはインストルメンタルである。賀川がひとつのことばでくくった活動を村上泰亮の理論ではわかりやすくとらえることができないのである。

社会システムをつくる自由、といえばいっきょにものごとの筋目が明確になる。飯田経夫や村上泰亮は業績主義的な観点から日本社会の再評価に取り組んだ。彼らの視点に立つと、賀川豊彦が主張したような社会システムをつくる自由は見えなくなってしまうのである。彼らが見ているのは既存の組織の中で大いに協調性を発揮しながら身を粉にして働き、同時に創意工夫をこらす会社人間の姿である。会社人間は社会システムの中で従順に生きているのである。間人主義とか間柄主義というのは要するにそういうことである。間人主義が社会システムをつくる能力を人に与えるわけではない。間人主義をとなえる人たちは、組織の立ち上げに能動的に取り組む能力を見るのではなく、できあがった組織の中で協調行動ができる能力を見ていたのである。なぜ組織そのものを活発につくり出す自由に目を向けないのか。

進歩派も五十歩百歩

社会階層というレンズをもちいれば、不平等の度合いや構造はたいへんよくわかる。実に見事である。しかし社会移動というレンズをいくらみがいても、人びとが活発に起業したり社会活動を起こしたり、夫婦が自分たちの思いに従って家庭生活を営んでいるかどうかは見えてこない。つまり自由の実相がとらえられない。どこか隔靴掻痒《かっかそうよう》ではないだろうか。

業績保守主義が自由を扱う手つきはその程度のものだった。では進歩派はどうだったかというと、五十歩百歩だった。こちらは抗議運動や批判告発型の運動については熱心に擁護した。つまり異議申し立ての自由の擁護者としてふるまっていたのである。しかし営利事業を起こすことには無関心だったし、むしろ反感を持っていた。だから反対運動の会場でグッズを売ったりすることさえ、あれこれ陰口をたたかれたものである。環境問題の運動でおカネ儲けをするのはけしからんといった雰囲気だった。政治運動でメシを食うのはよろしくない。政治にかかわることは自分の身を犠牲にして国民や国のために尽くすことだ。だから私的な利害やしあわせにこだわっていてはならない、という意識が強かった。ボランティアは無償が原則、政治活動であればなおのことといわんばかりだった。収益活動をすれば利害関係ができ、自由にものがいえなくなるというわけである。これではまるで修道院で修行するようなものである。

進歩派は一見自由の擁護に取り組んでいるように見えるが、実際のところは、ささやかなお店を開店しようと努力している人たちや自分の事業を何とかつづけていこうと四苦八苦している人たちの営みに対してはたいした関心を払っていないのである。その人たちこそ、本当はいちばん大事にしなければならないのではないか。進歩派は進歩派で、社会のいちばん大切な部分を見ていなかった。

保守派は抗議や批判告発する人たちが目をつり上げ口をとがらして声を上げる姿に嫌悪感を抱いていた。わたしから見ると、そういうことで批判告発型運動から目をそらすのはいくらなんでも浅慮である。さりとて私的利益の追求をまるで不純な動機による行為であるかのように見るのもはなはだ浅薄である。

自由とは多様性（ダイバーシティ）だ

街頭で仲間といっしょに抗議の声をはり上げるのも、脱サラして小料理店を開くのも、両方とも自由な行動である。困っている人のためにボランティア活動を始めるのも、自由なおこないなら、愛しあうふたりが親の反対を押し切って、婚姻届けを出さずに、同居して暮らすのも、自由なおこないである。これらすべての自由なおこないをひっくるめて、わたしは「起業」と呼びたいくらいだが、さすがに起業といってしまったらことばの意味を広げ過ぎだろう。やはり営利非営利の事業活動を起こすことを起業と呼ぶことにしたい。起業でなければ何と呼ぶか。多様性（ダイバーシティ）と呼ぶのが適切であろうか。

起業が社会システムをつくることであり、社会システムをつくることで社会が変わっていく、社会システムをつくることこそが自由のかなめである。だがそういう意識は進歩派には弱かった。この点は進歩派の大いなる欠点だった。

若い夫婦が古い商店街の片隅で小さな喫茶店を始めたり、山っ気のある人たちがひと山当てようと新事業に出資したり、学生が地域で補習塾を始めたり、社会には大小無数の起業がある。昔からある。失敗も無数にある。そしてこういう起業こそ、成功失敗を問わず、人間が生きていくことの根底にある最も大切な自由のあらわれなのである。

特定非営利活動促進法（ＮＰＯ法）が制定されたのは一九九八年だった。このときもともとは市民活動促進法という名称が想定されていたが、自民党筋から市民活動は政府に反対ばかりしているから、そのことばはふさわしくないという反対論が起こった。そのため特定非営利活動促進法という名称に落ち着いたのだった。

こういった対立は一見すると保守対進歩の対立に見えるが、わたしは事の本質はそこにはないと考えている。発展する市民社会に対して政治がきちんと対応できなかったのだと思っている。一九八〇年代から日本の市民社会は着実に発展した。しかしそれにくらべて国家の対応は実に遅い。アジアではじめて同性婚を認めたのは台湾だった。夫婦別姓については法制審の答申があったのに握りつぶされた。そういう事実が如実に物語っている。

3　資本主義の文化的矛盾とアイデンティティ拡散症候群

冷戦の終焉と南北問題の変容

一九八〇年代九〇年代の二〇年間を、わたしは戦後政治思想史の第三期と規定したが、この時期に日本はトップクラスの先進国になった。発達した産業社会になったのである。大きな経済的達成を見たのだから日本人の鼻が高くなり保守主義が勢いづいたのは当然のことだった。八〇年代に思想の状況は大きく変わった。

国際政治の変化も視野に入れておかねばならない。ソ連と東欧圏の崩壊と冷戦の終焉がひとつ。もうひとつは南北問題の変化である。第二次世界大戦後、ほとんどの植民地が独立した。一九六〇年にはアフリカの一七カ国が独立して、アフリカの年といわれた。しかしかつて植民地だった国ぐにはなかなか貧困から脱出することができなかった。そのため一九七〇年代前半までは開発途上国の発展をさまたげる構造的な要因があるという理論が大きな影響力を持つようになった。旧宗主国である先進国が旧植民地国の発展をさまたげているのだとする従属理論である。アンドレ・グンダー・フランクは先進国が途上国を低開発の状態に押さえ込んでいるのだとする「低開発の開発」理論を提唱したし、ヨハン・ガルトゥングは同じような趣旨の「中心・周辺」理論を提唱していた。わたしは七〇年代中ごろ、ゼミでエルネスト・ラクラウの従属理論批判の論文を読んだとき、一九三〇年代の日本資本主義論争みたいだなと思ったことを覚えている。ラクラウもマルクス主義の影響を色濃く受けている。

ところが南の諸国をひとくくりにすることはできなかった。一様でなかったのである。アジアの四小竜といわれた香港、シンガポール、大韓民国、台湾は、急速な経済成長をとげあれよあれよという間に先進国の仲間入りを果たした。いまではこれらの国と地域の一人当たりGNIは日本をしのぐか日本に並んでいる。こうして国内においても国際社会においても支配服従の要素を中心にするとらえ方は影響力を失ったわけである。

豊かさを正しくとらえたか？

しかし人びとの意識を真っ向からとらえようとすると、日本がトップクラスの経済大国になったことや国際政治経済の変容だけを考えていればいいというわけにはいかない。これらの要因は、経済的成功を誇る心理が働いたことと、マルクス主義的な考え方が状況に合致しなくなったことを説明するに過ぎない。政治思想を検討するとき、それよりも重要なのは、なぜ山崎正和のような人が消費における自己表現をまるで自由のあらわれであるかのように錯角したかということである。つまりどうして日本人は自由についてのとらえ方がいつまでもしっかりしないのだろうか。

豊かさが人びとの意識を身近なことがらと氾濫するモノとに向かわせた。その意味を、というより政治思想的な意味を、豊かさをよろこぶ気持ちに紛れて多くの人がとらえ損なったのだと思われる。豊かな時代の到来を歓迎する心理はわたしにはよくわかる。五、六歳ごろの皇太子ご成婚でテレビ普及率をくらべたら、まさしく隔世の感があったからである。一九五九年の皇太子ご成婚でテレビ普及率は大きく伸びたといわれるが、それまでたいていの家にテレビはなかった。近所でテレビがあったのはおとなりの美容院だけで、わたしは夕方になるとよく番組を見せてもらいに行ったものだった。

豊かさの意味をとらえ損なったと書いたが、間違え方は二通りだった。ひとつは、人びとが自由な行動を楽しむようになったというとらえ方である。便利になれば行動は自由になる。それまで五時間かかった場所へ三時間で行けるようになるといったふうに自由になる。貧しさから解放されるということだ。だがそれは政治的な自由とは関係ない。

資本主義の文化的矛盾——豊かさゆえの衰退というとらえ方

もうひとつは豊かさが秩序と社会公共への関心を衰弱させるというとらえ方である。一九七〇年ごろまでには、ヨゼフ・シュンペーター『資本主義・社会主義・民主主義』、ダニエル・ベル『資本主義の文化的矛盾』、ロナルド・イングルハート『静かなる革命』といった人びとの仕事があった。村上泰亮の主張はそれらの人びとの線に乗っている。ここではとりあえず「資本主義の文化的矛盾」論と呼んでおこう。「資本主義の文化的矛盾」論は、六〇年代末に先進各国で吹き荒れたベトナム反戦運動、カルチェ・ラタン、さらにマオイズムといった学生運動の嵐を目の前にして説得力をました。

エリク・エリクソンは豊かな社会において青年の心理社会的モラトリアムがかつてなく長くなり、人生の目標や生き方に迷う「アイデンティティ拡散」が広く見られるようになったと論じた。ケネス・ケニストンはヤングに対してユースという概念を提唱し、豊かな社会になって青年期がかつてなく引き延ばされたと論じた。そして自己の殻の中に閉じこもるタイプの青年と政治にかかわるラジカルなタイプをふたつの典型的なタイプとして取り上げた。ユースカルチュアの特徴を同調・逸脱・対抗に求めた。

ここまではいい。わたしも自分の経験に照らして共感するところが多い。ただしこれらの主張が共通に示しているのは、人びとが社会システムの責任ある担い手たり得なくなるのではないかという暗々裡の不安である。それに拍車をかけて、子どもの遊びが以前とは違う、同じ部屋に友だち数人といっしょにいても、めいめいがテレビゲームで遊んでいる。といった光景が紹介され、そんなふうに育った子どもは将来どうなるのだろうかと危惧する声が上がった。要するに豊かさを前に、これから自分たちを何が待ち受けているのかとおびえているのである。一九五〇年ごろには、人間が機械によって整然たるありの群れにされてしまうのではないかという不安がささやかれたが、四〇年経って、いままた将来の不安が首をもたげてきた。発達した産業社会がもたらす豊かさは人間を根っこから損ねてしまうのではないか、と。

それなら処方箋は何か、というと、かなめは教育と働き方である。本格的なゆとり教育が始まったのは二〇〇二年だった。しかしゆとり教育は多くの批判を浴びて道半ばで挫折する。一方、「仕事と生活の調和（ワーク・ライフ・バランス）憲章」が策定されたのは二〇〇七年だった。ワーク・ライフ・バランスはひとことでいえば長時間労働の解消であるが、大胆な改革とはいえなかった。何しろ日本は国際労働機関の労働時間に関する条約をひとつも批准していないのである。教育も働き方も両方ともに、六〇年代の成功体験の記憶からきっぱり縁を切ろうとするものではなかった。おっかなびっくりの動きだった。ふたつは二一世紀になってからの取り組みであるが、それさえこのような状況だったのである。

政治思想の現代的課題

わたしは一九八〇年代九〇年代の思想の流れに違和感があった。資本主義の文化的矛盾とアイデンティティ拡散をつなぐだけだったら、自由はどこに位置づけられるのか。政治経済学や社会学の理論家たちは本来見るべきものを見ていないのではないかと思ったのである。二一世紀になって教育と働き方についてようやく大きな改革がおこなわれたが、それも見るべき成果はあげなかった。

学ぶ能力も働く能力も人によって大きく違う。能力のきわめて高い人にはぎりぎりまで能力を発揮して学んだり働いたりしてもらいたい。そういう人は社会にとって必要不可欠な人材だ。しかし、だれに対してもそれを要求する必要はないし、要求してはならない。そんなことをしたら傷つくものが大量に出る。学校ならついていけなくて自信をなくす子が続出するし、会社ならうつになったり、人生のよろこびをかみしめる暇もなく仕事をしている人が大勢生まれる。ピタゴラスの定理を知らなかったら仕事ができないだろうか。高級官僚の中で正五角形の一辺の長さを計算できるものはほとんどいないだろう。人にはさまざまな能力がある。高等学校で学ぶ知識はそのほんの一部だ。それに人生にはさまざまな時間が必要である。仕事の能力がよほど高い人には大いに働いてもらわなければならないが、ふつうの人の労働時間は週五日一日七時間以上にならないようにするべきである。そうでないと人生のよろこびを存分に収穫することがままならなくなる。

憲法上の自由ならば言論の自由がたいへん重要である。しかしふつうの人びとの人生において言論の自由などたいした自由ではない。重要なのはよく生きることだ。よく生きるための自由のほうがはるかに重要である。そのためには自分の能力を高める機会がだれにでも開かれていることや、持って生まれた自然（たとえばＳＯＧＩや障がい）に従って生きることが尊重されるなど、社会的条件を整えなければならない。政治思想はそのことを考えなければならないのではないか。

4　政治理論の限界

『男だって子育て』を書いたころ

わたしは一九九〇年に『男だって子育て』（岩波新書）を書いて話題になったことがあった。内容は子どもたちの成長を観察したエッセイの集まりだったが、元祖イクメンのようにいわれた。そのことがきっかけで、子育て支援の集まりや男女共同参画のイベントに呼ばれるようになった。そしてそれが縁になって、わたしは子育てやジェンダーの問題に急速に接近していった。児童虐待、DV、育児不安、父親が育児をしないこと、などなど。またわたしは若いころからいまでいうNPO活動にかかわっていた。一九九〇年代はじめにNPO法制定の動きが始まり、わたしもかかわった。一九九五年の阪神淡路大震災のあと法制定の機運に弾みがついて一九九八年に特定非営利活動促進法が制定された。二〇〇四年、初孫が生まれた。男の子でダウン症だった。わたしはダウン症の孫と接することで貴重な経験をした。たとえば「たいへんですね」といわれるより「可愛いでしょ」といわれるほうがうれしいのだ。

こういった問題群を目の前にして政治思想は無力だった。処方箋が書けないのである。処方箋が書けないどころか原理原則を打ち出せないのである。デモクラシーの理念はひとりひとりを大切にすることである。しかし、そのことから具体的な姿勢や政策は導き出せないのである。だから熟議デモクラシーなどの新しい理論があらわれても、心は動かなかった。熟議に参加できる人よりも、参加できない人のことを考えるほうが重要ではないかと思っていたからである。コミュニタリアニズムにも知的関心は惹かれなかった。経済学も似たり寄ったりだった。政治学者や経済学者や理論社会学者は後退し、それに代わって新しい専門家が前面に出てきた。個別の問題に長く現場で取り組んできて専門的な知見を提言する。そういう人びとの存在が重くなった。

例をあげれば、クライエント中心主義をとなえた心理学者のカール・ロジャーズは「傾聴」という手法を提言していた。生涯学習の専門家であるマルカム・ノールズは子どもの学びと大人の学びは違うとして「アンドラゴジー」を提言していた。知的障がい者福祉の活動にかかわったバンク・ミケルセンは「ノーマライゼーション」を提言していた。そしてフランスなどヨーロッパの貧困対策からあらわれた「インクルージョン」がある。

わたしは男女共同参画や子育て支援の取り組みにかかわることを通じて、これらの概念に接した。自分自身も女性センターの館長や女性人材育成事業の講師などを務めて、エンパワーメントのための学習モデルづくりの実践に夢中になった。これはけっこう楽しい仕事だった。

このような活動を通じて、わたしはエンパワーメントということを出発点に置いて三つのデモクラシーということを考えるようになり、またデモクラシーがめざす自由平等とは、「自由な自己実現のための平等な機会」を提供することだと考えるようになった。エンパワーメントという概念が厚生経済学者アマルティア・センのいうケイパビリティに酷似していることを知ったのは少しあとのことだった。

政治思想の限界をこえて

いま政治思想は無力だった、と書いたばかりである。デモクラシーの理念はひとりひとりを大切にすることである。しかし、そのことから具体的な姿勢や政策は導き出せない。と書いたばかりだが、それは当然のことである。不易と流行ということばがある。基本的人権という概念は不易だが、その内容はそのときどきの社会通念によって流行するのだ。何が基本的人権かということは社会的構築によって決まる。

市民社会というのは社会的構築がおこなわれる場のことである。いろいろな立場の人が発言したり行動したりして社会通念は変わっていく。それが社会的構築である。社会的構築が進み、変革の機運が熟するが、さて企業が変わるか、国家が変わるかというとなかなか変わらない。一九九〇年代末ごろまでそういう状況がつづいた。

日本人には市民社会で動いていることがらを軽んじる傾向がある。おそらくそれは戦後政治思想がたどった道だった。敗戦直後の日本には政治運動はあっても市民社会はなかった。本来なら戦後すぐに起こってもおかしくなかった動きが起こるのは、六〇年安保を待たなければならなかった。しかし六〇年安保でやっぱり政治運動は失敗するのだという諦めに似た意識が広がった。青春の挫折が政治運動のあとに待ち受けているものだという意識が広がった。こうしてそもそも運動の力を甘く見る風潮が社会全体に広がった。日本人はその後遺症からなかなか立ち直れなかったのである。

おわりに

戦後編は同時代編である。

書き終わってみると、着手する前の構想とはかなり違うものになってしまった。自分の経験や主観を前面に押し出すことになってしまったからである。客観性ということになるとお恥ずかしいばかりだが、ちっぽけな精神のドラマとして見ると、それはそれで案外おもしろいかもしれない。

しかし精神のドラマとして見ると、こんどは告白が乏し過ぎる。材料はたくさんあるからもし書けばけっこうおもしろかっただろうとは思う。

わたしはもともと理系の学生だった。しかし理系の勉強に興味が持てず、半年も経たないうちに文系に転部したいと考えるようになった。そこで転部について法学部事務室に相談にいった。そのとき職員のことばを聞いて、わたしは耳を疑った。他の学部はともかく法学部へ進学したいなら入学試験を受け直せというのである。

わたしは理系の学生のほうが文系の学生よりずっと優秀だと思っていた。だから本当に驚いた。文系の入試なんか昼寝したって合格点を取ってみせる。理系の人間を何だと思っているのか。こんなことでは日本の将来が危ういと真剣に思った。まことに世間知らずだったと思うが、その気持ちは正直にいうといまでも心のどこかにある。理系を尊敬し大切にしなければ人類の将来はない。

一年で文系を受験し直すことになったが、試験は拍子抜けするほどかんたんだった。とくに数学の試験は時間が余ってしかたがなかった。それで暇つぶしにわざわざ別の解法をさがして解くなどしたものだった。

そんなところからスタートした法学部生の生活だった。わたしはろくな学生ではなかった。文系の授業は理系に輪をかけておもしろくなくて、ほとんど授業に出なかった。とくに法学はつまらなかった。論理的でない、つまり学問的でないと感じた。論理的に体系をつくるというより、証明不要の道徳的な仮説を立ててそこから順々に体系を積み上げていくだけだ。学生も研究者も真実を探求するのではなく、体系を修得する。これではただの暗記科目ではないかという不満があった。駒場の講義でおもしろかったのは理系のときに聞いた城塚登教授の社会思想史の講義だけだった。

わたしは文科系の学問なんか学問じゃないという気分になったので、大学入学の年の秋学期から三年近く、ほとんど授業に出なくなった。文転してからも二年間はまったく勉強せず遊んでばかりいた。

麻雀にのめりこんでいて、教室にいる時間よりも雀荘にいる時間のほうが長かった。一九七〇年一一月二五日に三島由紀夫が市ヶ谷の自衛隊駐屯地で自殺したときも雀荘にいた。当時は学生運動にシンパシーを感じている学生が大勢いて、おばさんが三島由紀夫が市ヶ谷の自衛隊で自殺したことを告げると、ハハハという力ない笑いがあちこちで起こった。するとおばさんは激怒した。「あんたがたは天下の東大生だろ。ゆくゆくは日本を背負って立つ人たちだ。その人たちが何だ！　ひとりの人間が考え詰めたうえに自殺を選んだ。笑ってすむことか」と、それはそれはものすごい剣幕だった。おばさんの剣幕に押されて天下の東大生たちはシーンとなってしまった。さすがに人が死んだと聞いて笑うのはどうかと思う。おばさんのことばは、教室で先生たちが語ることばよりもずっと教育効果があった。

学問がおもしろいと思ったのは篠原一教授のヨーロッパ政治史の講義を聴いてからだった。そのころからわたしは心を入れ替えて勉強し始めた。しかしこの段階ではあくまでも学問がおもしろかったのであって、それ以上のものではなかったのである。

いつかわたしは学者をめざすようになったが、それは成績が良かったからであって問題意識があったからではない。それにそもそも社会人になるのが嫌だった。典型的なモラトリアム人間だったのである。文系大学院に進む学生の中には社会人になりたくないというタイプの学生がけっこういただろうと思う。

再受験、留年、学士入学と、結局東京大学に八年在学した。そして中央大学助手に採用されてわたしの学生時代は終わった。でもまだ学者になる準備はできていなかった。テーマが見つからなかったのである。

やがてそのテーマは子育ての経験から浮かび上がってきた。学生結婚して仕送りが止まり、アルバイトに明け暮れた。お金を稼ぐのに精一杯だった。二二歳のときに父親になった。その経験から母親の自分育てということをつきつけられた。自分育てとはどういうことかといえば、自己実現と言い換えれば学問的になるだろう。子育てが母親の自己実現を過度に制約してはいけない。子育ては女性の人生に対して中立的でなければならないと、痛感した。それには悔恨が伴った。それでやっと、わたしは学者として歩きはじめるスタートラインに立ったのである。高校を卒業してから約一〇年。長い彷徨時代だった。

五三歳のときに最初の孫が生まれた。初孫がダウン症で、いっそう人間の多様性を尊重するようになった。良き生き方の理想は人によって違い、良き生き方はひとりひとり違う。学者になったころから漠然とそう考えていたが、それが明確な信念に変わった。お勉強ができて、反抗的で、他者を下に見るようなところがあった坊やが、歳を重ねるにつれて自分と違う人たちを尊重するようになったのである。

良き生き方は多様だ。自由なしに多様性はない。だから貧しくても自由、失敗しても自由。自由を大切にしたい。ひとりひとりの自由ということについて、日本人は保守もリベラルも左翼も、腰が据わっていない。おざなりだと思う。

親の反対を押し切って結婚し、宮仕えをしたくなくて学者になった。たいして勇気もない自分だが、自分の思うように生きたくて、大袈裟だが家父長制とたたかってきたのかなと思っている。

事項索引

ア　行

カ　行

サ　行

タ　行

ナ　行

ハ　行

マ　行

ヤ　行

ラ　行

ワ　行

著者紹介

広岡　守穂（ひろおか　もりほ）

中央大学名誉教授。詩人。1951年生まれ。

おもな著書に『「豊かさ」のパラドックス』（講談社現代新書）、『男だって子育て』（岩波新書）、『父親であることは哀しくも面白い』（講談社）、『妻が僕を変えた日』（フレーベル館）、『政治と自己実現』（中央大学出版部）、『市民社会と自己実現』（有信堂）、『ジェンダーと自己実現』（有信堂）、『通俗小説論』（有信堂）、『抒情詩と叙事詩』（土曜美術社出版販売）、『日本政治思想史』（有信堂）、『続日本政治思想史』（有信堂）、詩集『ちいさな勇気』（土曜美術社出版販売）などがある。

日本政治思想史　戦後編

2023年２月１日　　初　版　第１刷発行　　〔検印省略〕

著者©広岡 守穂／発行者　髙橋 明義　　印刷・製本／亜細亜印刷

東京都文京区本郷１—８—１　振替 00160-8-141750
〒113-0033　TEL (03)3813-4511
FAX (03)3813-4514
http://www.yushindo.co.jp
ISBN978-4-8420-5026-3

発行所
株式会社 有信堂高文社
Printed in Japan